多元视角下的
文化创意
产品设计研究

丁 幸◎著

新华出版社

图书在版编目（CIP）数据

多元视角下的文化创意产品设计研究 / 丁幸著 .

北京 : 新华出版社 , 2024. 7.

ISBN 978-7-5166-7488-8

Ⅰ . G114

中国国家版本馆 CIP 数据核字第 2024YD1009 号

多元视角下的文化创意产品设计研究

作者：丁　幸

出版发行：新华出版社有限责任公司

（北京市石景山区京原路 8 号　邮编：100040）

印刷：天津和萱印刷有限公司

成品尺寸：170mm×240mm　1/16　　　印张：10.5　　字数：210 千字

版次：2025 年 1 月第 1 版　　　　　印次：2025 年 1 月第 1 次印刷

书号：ISBN 978-7-5166-7488-8　　　定价：68.00 元

微店　　　视频号小店　　　抖店　　　京东旗舰店

微信公众号　　　喜马拉雅　　　小红书　　　淘宝旗舰店

前　言

　　文化创意产业是 21 世纪最具发展潜力、最具生命力的朝阳产业之一。随着新一轮高校产品设计学科建设的不断推进，文化创意产品成为此次大潮中的一股重要力量。文化创意产品是将传统文化资源转化为有特色、有创新和现代化的产品或服务，既能传承和弘扬传统文化，又能满足现代人对文化产品多样化、时尚化、个性化的需求，具有很高的经济价值和文化价值。同时，文化创意产品对推动文化产业发展、优化文化消费结构、促进城市形象提升等方面也具有重要意义。无论是精彩纷呈的游戏动画、旅游纪念品、手机视频，还是体现个性的网络平台等，文化、体验、创意、审美等因素都成为人们对产品新的诉求对象。我们需要越来越多兼具创意与技术的人才来增强产品的实用性、审美、文化内涵，并且要明确创意人才的发展方向和目标。

　　为了适应高校产品设计的教学实际，提升学生对产品设计的学习兴趣，让学生接触并了解文化，通过思考将文化元素运用在现代产品设计中，更好地理解文化对于产品设计的各种影响，本书将为其提供一个能够充分发挥想象力、进行科学建构的广阔空间，使其熟悉产品设计流程、掌握产品操作技能，在今后的文化创意产品设计实战中能更为准确地从各种文化形态当中提炼出文化与现代的融合元素，推动文化衍生品产业发展，促进文化价值转化为商业价值。本书正是在这一文化创意产业发展的大背景之下，以设计学为视点，对文化创意产品进行分析和解读的。

　　本书一共分为六章。第一章为文化创意产品设计概述，主要介绍了文化的含义与特征、创意的基本概念与原则、文化创意产品设计的原则与方法、文化创意产品设计的分类和特点。第二章为文化创意产品的设计流程，主要介绍了文化创意产品项目的调研、文化创意产品的受众分析与定位、文化创意产品的设计流程与管理。第三章为新媒体视角下的文化创意产品设计，主要介绍了新媒体的概念、新媒体背景下文化创意产品的传播媒介、新媒体背景下文化创意产品应用与传播。

第四章为体验经济视角下的文化创意产品设计，主要介绍了体验经济的概念、体验与文化创意产品的关系、体验经济融入文化创意产品设计的意义、体验经济背景下文化创意产品设计实践。第五章为设计美学视角下的文化创意产品设计，主要介绍了设计美学的概念、设计美学视角下文化创意产品设计的意义与特征、文化创意产品设计的美学实践。第六章为校园文化创意产品设计，主要介绍了校园文化创意产品设计的类型与特征、校园文化创意产品设计的原则、校园文化创意产品的设计表达、校园文化创意产品设计的经验启示。

在撰写本书的过程中，作者参考了大量的学术文献，得到了许多专家学者的帮助，在此表示真诚感谢。本书内容系统全面，论述条理清晰、深入浅出，但由于作者水平有限，书中难免有疏漏之处，希望广大同行及时指正。

丁 幸

2024 年 5 月

目　录

第一章 文化创意产品设计概述

本章为文化创意产品设计概述，一共分为四部分内容：文化的含义与特征、创意的基本概念与原则、文化创意产品设计的原则与方法、文化创意产品设计的分类和特点。

第一节 文化的含义与特征

一、文化的含义

所谓人类文化，即是在不同时期和不同地方创造出的一个共同精神约束，一个在历史学、人类学、艺术学中广泛涉及的复杂约束。历史文化资源是一个国家乃至一个时代最为宝贵的物质财富与精神财富。不同时期、地域、文化背景下所催生出的语言、服饰、音乐、图腾与生产工具都有其独具特色的烙印。

对某一文化的起源与发展追根溯源，有助于加深对该文化的实用性与特殊代表性的理解与运用。以玛雅文化图腾（图1-1-1）为例，玛雅文化起源于古印第安文明，他们信仰宗教神权政治，崇拜象征自然力量的太阳神、雨神，并将这些神灵图案作为图腾和神圣的超自然力象征物，由此所形成的特殊部落图腾也多为自然文化元素的具体形象，寓意人与超自然之间特殊的联系，以求得平安。人类文明中为生存而战的情况并不少见，在一定程度上战争对于文化的传递、交流也有推动和促进作用。通过文化的交流与发展，人类从最初对生存的需求逐渐转为对精神文明的向往，这个过程漫长且有从低级逐渐走向高级的特点。

图 1-1-1 玛雅文化图腾

由于地域文化的差异，一个国家往往存在多种文明。地域文化的差异决定了不同地域的人与大自然斗争过程中产生的生存法则的不同。对于文化的发展我们应当抱有一颗敬畏之心，但并不意味着要一味地模仿与照抄。不同的优秀文化都值得我们去珍惜。小到无形文化，如生活习惯、饮食习惯等，大到有形文化，如大型地标建筑，都需要被我们珍惜和保护。

当今我们了解的文化可以说涵盖了现实生活的各个方面，主要指各种有形产品和无形服务，其可以满足人们的精神需求。在文化创意产业影响下所创造出的产品具有一定的民族文化背景，在满足消费者审美的精神需求的同时，也会尽可能提高消费者的文化审美。文化创意产品是一种较为特殊的产品，所涉及的行业范围比较宽泛。例如，在新闻、文艺演出等行业中，其原创性的特点在整个产品中发挥着关键性作用；音像、娱乐等行业在实现方式上则要满足体验者精神世界的需求；会展、工艺品这类则要求相对更高，需要不断变化，不断创新，产品设计内在潜力非常之大。

人类社会的文化背景在规范艺术设计行为的同时，也能够通过艺术来更加直观、感性地记录其发展历程。当今的文化发展不仅局限于科学、医学等领域，还将艺术文化推向一个更高的历史舞台去承载文化精神的内涵。这不仅强调了艺术的外在价值，还体现了艺术所投射出来的文化价值，这在传播民族文化与提升民族文化的竞争力方面具有深远的影响。原始文化起源于古代人民对自由、富足生活的向往，以及对先祖的敬重与对自然的敬畏，如对天地的祭祀是为了祈求风调雨顺，对鬼神的供奉与劳动、宗教、巫术等政治因素相关。根据历史记载，人类从石器时代就开始为了基本的生存和生活进行劳动创造，生产工具的发明代表了古代人民强烈的生存欲望和物质诉求，因此可以认为文化也起源于人类生活本能。

而艺术设计行为在这种文化氛围中不断得到充实，使用器具的材质、纹理表现等都体现出古人对美的追求和审美的不断提高。我们将文化看作艺术设计的先导，艺术设计的发展进步不仅为人们带来了生活的便利，还给枯燥单调的生产活动赋予了新的内涵。

古代"中华文明"在萌生过程中就已经有了较广泛的分布，自三皇五帝时起至今历经五千余年仍屹立于世界民族之林，在浩荡的世界文化画卷中留下了浓墨重彩的一笔。古代中国文学中影响最大、最深远的是先秦文学，虽然因文字记录的缺失，流传下来的并不多，但是其中内容还是相当丰富的，经过口口相传和不断补充改进，依然具有远超想象的艺术价值。

中世纪后期的文艺复兴也是文化史上一次不可忽视的思想文化运动。意大利作为古罗马文艺复兴文化的发源圣地，文化普及发展迅速，掀开了世界文明一个新的序幕，创造出众多震撼世界的文化作品，在诗歌、雕塑、绘画等方面成就卓越，并解放了被中世纪基督神学捆绑的劳苦百姓，推翻了僵化死板的经院体系。在这一时期，各领域涌现了大批的杰出人物，如文学三杰但丁、彼特拉克、薄伽丘，美术三杰拉斐尔、达·芬奇、米开朗基罗。

随着经济文化水平的大幅度提高，人类生活水平不断改善，文化发展逐渐摆脱历史上长期被少数精英垄断的桎梏，开始迅速走向大众并被大众接纳。经济发展日益体现出文化内容的重要性，文化创新这个观念逐渐走上历史舞台，成为全球产业发展的一个新趋势、新特点。文化产业的发展不仅推动了文化的进步，还带动了其他相关产业的发展，在许多国家也成为评定经济发展水平的标志和提升综合国力的核心支柱产业。

二、文化的特征

（一）文化的基本特征

文化是一个严谨规范的整体系统，包括宗教信仰、艺术人文等方面。关于文化的特征，文化学界的研究侧重点不同，其表述也不一，可以从文化的分布范围、文化的发展、文化的传承、文化的适应范围、文化的存在条件以及文化的传播等方面去考虑，因此文化具有以下特征。

1. 文化的字义特征

文化的英文是 culture，《牛津词典》对这一单词的解释为"集体看待的人类智力成就的艺术和其他表现形式"[①] 等。《牛津词典》参照耕作给文化下了定义，"文化是精神的培育和修炼，是文明的艺术和精神的侧面""文化含有社会或群体特有的风俗、成就、生产、观点等要素，以及社会或群体的生活方式"[②]。

尽管如此，学界目前尚无法给文化下一个具体而明确的定义，不同学派对文化的定义不尽相同，对于文化的解读也各执一词。百科全书归纳出一个相对统一的理解：文化是相对于政治、经济而言的人类全部精神活动及其产品。从另一个广义的角度来看文化的内涵，即文化是人类创造出的一切有关精神和物质的财富的总和；相对应的狭义的文化是指具体的文化创造成果，如哲学、艺术等。

2. 文化的社会特征

文化与社会生活息息相关，文化的出现是因为生存与发展的关系，同时文化也是审美水平与文字能力提升的反映。从原始社会开始，人类就为了生存而制造工具，于是出现了原始的农业生产工具，这是人类接触文化社会属性的最简单方式，文明进步的过程便是规矩的形成和方式的规范，这一过程需要慢慢探索、逐步提升。此外，作为主观审美能动性与客观造物经验结合的产物，物质文化的创造与天文、历算、宗教信仰等精神文化一样，也是文化源头的一条重要支流。

文化产业在社会生活中能够提供文化服务和相应各类社会行业所需的服务，其中既包括满足精神需求的艺术文化服务，如音乐会、歌剧等，也包括满足物质生活需要的文化产业活动，如学习某一项技能。对于文化来说，其特殊的社会属性主要分为精神价值和物质价值。精神价值是没有具体形态的、更多倾向于艺术性的一种价值，如看电影、听音乐会、参加书画展提高个人艺术修养，通过媒介第一时间接触到社会热点新闻，文化作为一种无形的精神价值传递到观众脑海中，让人产生一种对艺术价值的同理感受。

物质价值追求的则是文化"有用性"，利用它可以满足消费者某种物质生活上的需求，简单来说就比如食物充饥、药品治病、汽车运输等。这类物质型文化

①② 熊青珍，敖景辉.文化创意产品设计[M].长沙：湖南师范大学出版社，2021.

在社会生活中承担着重要的角色，在艺术设计过程中同样也有着重要的意义。例如，床是一个可以让人更舒适休息的产品，桌椅是提供办公交流的承接产品，水杯是提供文明饮水的产品。以国家非物质文化遗产传承和保护项目"蜀绣"来看，由于特殊的地理、历史、风俗等自然物质环境的影响，作品呈现出来的也是严谨细腻、光亮平整、构图疏朗、浑厚圆润、色彩明快的独特风格，其代表作《芙蓉鲤鱼》让人叹为观止，其"有用性"不言而喻。而从精神价值层面来看，在芙蓉锦鲤主题中，芙蓉花取其谐音，为富贵荣华的意思，象征着对未来美好生活的憧憬。

3. 文化的内在特征

文化内涵不一定是广义的，也可以是一种能给人内在美感的概念，通过对产品的附属产业进行宣传，将产品本身具有的文化内涵与独特的意识形态完美结合，赋予其特殊的思想立场和文化认知，使得产品不再只满足最基本的使用需求。文化产品的思想内涵及其文化形象与社会价值取向密切相关。正面、健康、进步、积极向上的价值观可推动人们去获得高质量的精神生活、促进经济和社会的全面进步发展，是实现生产目的和建立和谐社会的必由之路，也是文化产业及其产品的基本特征之一。

（二）文化创意产品中的文化特征表现

文化实质上是一门将物质领域与精神领域相融合的特殊学科，其通过艺术的特殊宣传手法将社会整体文化推向一个更大的舞台。简单来说，设计的文化价值就在于文化内涵与审美合一，设计文化是当今社会文化体系建构的日常要素。大量生产的设计产品并不等同于设计文化，只有当它们同时具备了审美、科学技术、历史文化、潮流文化等几方面因素才可以说具备社会价值。迪士尼公司创始人华特·迪士尼通过他优秀的创意和敏锐的商业洞察力，成功地打造了一个让人留恋的动画王国。迪士尼的核心文化是以动画为主的文化，通过一个个充满善意、可爱又具有人性弱点的动画形象，表达了对生命、友谊和情感的渴望，形成了一个极富创意性和娱乐性的动画文化展示空间。如今，迪士尼已经成为世界上最为知名的动画品牌之一，其成功的关键在于它深入人心的文化内核。迪士尼公司在创意和商业领域都有着突出的表现。从产品的整体设计，到产品的营销推广，迪士尼公司始终坚持以文化为核心，通过精心的创意和专业的商业操控，成功打造了一个极具个性的文化品牌，并建立了一个质量优良、消费市场广泛的产品体系。不仅通过优秀作品实现了口碑效益双丰收，而且其动漫形象的文化创意产品（图1-1-2）在消费市场上经久不衰。迪士尼不断地发展与收购，成功拓展了一系列新的 IP 形象授权，如漫威等。受众群体除了儿童、青少年，也有喜爱动漫的成年粉丝，他们对迪士尼动漫形象的喜爱形成了一种全球性的动漫粉丝文化，由此衍生了动漫消费市场，其交易金额每年有数百亿美元之多，这种动漫文化创意不仅是美国社会文化的缩影，而且对未来全球动漫文化的发展有着不可忽略的影响。

图 1-1-2　迪士尼文化创意产品

（三）文化特征对文化创意产品的影响

文化与创意产品设计有着密不可分的关系，从某种程度上来讲，艺术创意与人类文化两者相辅相成、协同发展，文化主导艺术，在文化传播的过程中进行艺术创新。

随着设计不断深入渗透人类精神领域，拓宽了人类对于艺术文化的审美眼界，文化内涵的升华便标志着文化创意产品的诞生与发展。

科技与艺术发展的历史也是文化发展史一个具象的写照，不同时期的设计不仅受文化的制约，还能够反映一个时代的特殊现象，每一个文化作品都有着不同的年代烙印，这与具体的年代历史背景、文化、社会紧紧相连。

如今，现代材料、多媒体、电子数字等慢慢地进入设计师视野，设计材料本身特殊的性能被挖掘、被重新赋予了新的材料语言，设计师由此对其意象理解逐渐具象化，丰富了材料本身附带的设计语言，同时增强了作品在表现程度上的张力。

我国的皮影戏是一种用兽皮或纸板做成人物剪影以表演故事的民间戏剧，是一种在蜡烛等各类光源的照射下用隔亮布进行表演的戏剧形式，是汉族民间广为流传的傀儡戏之一。在表演皮影戏时，艺人在白色幕布后面，一边用手操纵戏曲人物，一边用当地流行的曲调唱出故事，同时配以打击乐器和弦乐，可以看到各种神仙怪兽在幕布上或隐身变形，或飞天入地，或喷烟吐火，或劈山倒海，带有十分浓郁的本土文化气息。设计师对兽皮纸板的认识，已经脱离了材料外部形态，而赋予了材料更多的人文思考，加入了更多当地的文化特色，使得皮影戏造型分别在京剧、落子、大鼓、梆子和民间歌调的滋润之下，又形成了不同的流派。中国人用高超的智慧使皮影戏这项人类非物质文化遗产代表作的材料本身的语言力被发现、被挖掘、被张扬，并被意志化。

国外著名导演詹姆斯·卡梅隆的科幻电影大片《阿凡达》一问世，就以其高超的特技、恢宏的场面、出人意料的想象力迅速冲击了全球电影市场。在2010年的时候就在中国拿下13亿多的票房，成为中国影史首部破10亿的影片。其中最具有里程碑意义的技术就是让计算机图形学（CG）人物的表情达到真人水准。在过去的CG电影中，技术限制导致人物与表情之间不能同步。然而，随着技术的不断进步和创新，《阿凡达》中所采用的方法为解决这个问题提供了一种有效的解决方案。在《阿凡达》中，导演詹姆斯·卡梅隆创造了一套先进的技术系统，通过在演员面前放置一个固定摄像机并使用特殊点位追踪技术，能够准确地记录演员面部最微妙的表情变化。这些数据随后被合成到虚拟角色中，从而使其看起来更加栩栩如生。这种虚拟摄像机的记录和传递使得导演能够实时监控演员的表情，并达到面部特写级别的精度。通过这种技术手段，演员最细微的表情变化可以被准确地传递给电脑生成的虚拟角色，从而使角色的表情更加真实和生动。这种技术的应用使得CG电影中的角色能够更好地表达情感，增强了观众的代入感。通过不断创新和发展，将先进技术应用于制片过程中可以取得更高水平的制作效果。这种技术的应用不仅改变了CG电影的制作方式，还为未来的电影制作带来了更多可能性。

人们不得不惊叹于卡梅隆非凡的创造力，他依托表情捕捉技术、升级版动作捕捉技术，把更具体可感的虚构世界呈现给了观众。这部科幻佳片不仅展示了精美绝伦的画面和高超的三维（3D）技术，而且每一幕奇特生物的造型、神态等无不赋予这部影片更真实、更有冲击力的视觉效果，从角色写实传神到场景的虚实结合，一举将这部科幻电影推向巅峰。

外来文化对艺术设计的影响十分深刻，设计师习惯从文化与生活当中去寻求设计灵感来源，不断吸收外来文化，创新本土传统文化。对于文化创意产品来说，在发展传统文化的过程中也不能忽视外来新鲜文化血液。外来文化对于传统设计的冲击主要表现在价值观念、思维观念、审美观念、道德伦理等方面上，这些要素相互融合，形成一个新的文化有机体。

雕塑家野口勇的经典家具设计三角玻璃茶几（图 1-1-3）由水滴般的玻璃桌面和实木的桌脚组合而成，在视觉上有雕塑般的形式感，这两种材质仿佛产生了一种关于极简与美的化学反应。野口勇的另一系列作品"和风纸灯 Akari"一直以来都是他人争相仿制的对象，共有 200 多种不同的款式，其外层采用竹制骨架、蒙以桑皮纸，内燃灯烛，美得让人爱不释手。目前市场上也不乏类似的模仿产品。

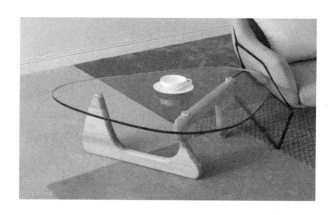

图 1-1-3　三角玻璃茶几

第二节　创意的基本概念与原则

创意可学吗？答案当然是肯定的，创意是一种可自行培养的能力。创意的过程是神秘而复杂的，它反映的是创意者自身内在素材的积累，包括了人生中获得的资料、信息、知识和智慧等的集合，而经验的积累和生活的体验是创意产生的基础。

一、创意的概念

创意是一个具有丰富内涵的形态，虽然这个词语很早就出现了，但是目前尚未形成统一的概念，同时又存在创造、创新等不同的称谓。

创意不仅具有娱乐价值，还具有广义的文化与艺术价值。它们包括了视觉艺术、出版业、表演艺术（戏剧、歌剧、舞蹈）、唱片业、电影、电视节目以及时装设计和游戏设计等，因此创意是一个很清晰严谨的概念。21世纪，社会的经济变革和推动一个国家经济成长的主要动力就是创意设计，而创意作为一种具有创造性的意念，通常具有出乎意料、新颖独特等特点。它不仅是一种思维方式，还是一种行为和结果。创意的产生往往需要创造性思维的运用，这种思维方式需要我们突破既有的思维模式和思维惯性，去寻找新的、具有创造性的想法和观点。在信息时代，创新和知识驱动经济发展成为主流趋势，而文化创意产业正是以创新和知识为核心的产业之一。创意经济的发展依赖于人们的创造力、想象力和创新能力，同时也受益于信息技术的进步和数字化的发展。通过创意的运用和转化，文化创意产业能够为经济带来增长机会和新的就业机会。文化经济的发展也体现了社会对于文化和创意越来越高的重视程度。文化创意产业不仅是经济增长的推动者，还是文化传承和弘扬的重要形式。它涵盖了影视、音乐、艺术、设计、文学等多个领域，为人们提供了丰富多样的文化产品和体验，同时也能够通过创新和创意的方式传递和传播社会价值观和文化认同。

创意是对专利、商标、观点、思想、知识、作品、建议、法规、制度等事物新颖的构思，同时也是突破常规、打破世俗、超越自我的想法。它既是创造新意、寻求新颖、追求独特的意念、主意和构想，也是创造性的思维活动。寻求某个解决问题的方法并不是在思维方式上，而是在形象、生动的具象化表现的表达方式上，同时也要艺术性地对创意概念进行形象化。创意可以说是一切事物之根本，更可以说是设计之根本。创意在设计中具有重要的地位，它带动和推动了设计行为和设计产物的发展，使设计更具有创新性、表达性和价值性。在设计过程中，培养和引导创意的发展将为设计的成功和市场的认可奠定坚实的基础。艺术构思或创意通常是原创性的、具有独特性和创造性的想法和观点。它是未来艺术作品的全部基因所在，可以看作未来作品最初的想象与构思。艺术创作的过程往往就是将这种想象、构思逐步地转化为成品的过程。设计的过程本身就是创意的体现，如创意水果碗，碗边有镂空的缝隙，除了有滤水功能，还能透过缝隙把两个相同的碗合二为一，这样不仅节省空间，而且在需要摆放更多水果时，它们也可以分离成两个独立的碗使用。

换言之，创意的技法在创新过程中有着重要的作用，它是创意的工具。创意不仅有学习的方法，还能在创作的过程中帮助创意者激发新的创意。创意体现在独特、新颖和创造性的想法中，它突破了传统思维和常规思考的限制，能够以非常富有想象力和创新性的方式处理问题和挑战。创意的产生往往是智能的拓展和潜能的超水平发挥，创意是人们对事物感性认识、理性思考和社会现实相结合的结果。

创意存在于人类的大脑之中，个体可通过相互交流得到新的知识、产生新的创意并传达给他人，成为创意思维指导下的创意产物。创意本身并不产生价值，也不会直接改变物质世界，但是一旦与实践相结合，由创意指导的实践就具有了强大的创造功能。首先，创意是人类智慧的结晶，具体来说，创意既是动态的也是静态的，它既是一种灵感，是突发奇想而又妙不可言的思想，是对同一实践从不同角度进行探索的思维，也是对实践活动具有指导作用的思维，更是从无到有的过程。于深层次而言，创意是强调突破常规的，力求能触及人心深处来进行原创的构思和设计，是自我价值实现的过程。其次，创意具有普遍性，并且在教育和工作中越来越受到重视。通过创意的运用，我们可以找到更多解决问题的方法，为社会和个人带来更大的价值。再者，创意具有关联性，创意需要与生产者、消费者以及竞争者建立联系，以确保其能够产生真正的价值和发挥实际的效用。没有任何人能够脱离现实构造出无根无据的创意，只有通过与各方的合作和沟通，创意才能够顺利落地并获得成功。最后，创意具有系统性，创意的系统性体现在它的思维组合和思考方式上，以及创意工作的逻辑路径和过程中。通过合理的组合和路径的引导，我们能够更好地培养创意思维，创造出有价值和创新性的创意作品。

创意概念包含三种含义：宏观创意、个体创意和应用创意。

宏观创意是指一切可以看见的创作现象。宏观创意能让大家一眼就看出创意在何处。

个体创意是指个人的情感、灵感、知觉、想象、才情、智慧等在创意作品中的表现。凡·高的油画作品《星空》（图1-2-1）展现了他独特的创意和艺术才华。他运用夸张的画法，通过生动形象地描绘星空，营造了一种充满变化和动力的氛围。该作品整个画面仿佛被一股未知的力量引导，呈现出激流般的旋转、躁动和卷曲，这种脱离现实的表现手法反映了凡·高躁动不安的情感和充满疯狂幻觉的世界。通过对色彩、画笔和造型的运用，凡·高成功地传达了他个人特有的感觉和情绪。他把内在情感和主观体验转化为绘画语言，创造了一幅充满表现力和戏剧性的作品。这种独特的表现方式使得观者能够更加深入地感受和理解凡·高的内心世界。

图1-2-1　凡·高油画《星空》

创意的目的不只是单纯的个人欣赏和品鉴，还与产业的目的相联系，也就是使创意走向产业。米奇（图1-2-2）是华特·迪士尼创办迪士尼公司的开端，是全球首个进行动漫形象授权的品牌，由迪士尼开创的美国动漫产业"轮次收入"模式更是引导了目前动漫产业的主流发展方向。

图 1-2-2　米奇

我们对创意的概念、原则、含义、类型、方法以及法则等方面进行了全面的分析，得到的结论主要有以下几个方面。一是关于创意的含义，从内涵上看，创意是一切之根本，其可以促进经济结构的调整、提升国家综合竞争优势，也可以促进地区经济的发展、提升地区经济的竞争力。二是从创意的类型方面来看，创意的类型是多样化的，创意的更高境界被称为智慧。面对未知的困境，必须拥有足够的自信，放下自己的不安，才能通过创意解决问题。收集创意的方法是，假如我们有一个有趣故事的灵感，我们就写下来；假如我们有一把关于新椅子的灵感，那就动手去做出来；假如我们有开创一项服务的灵感，那就亲自去实现它。只要我们觉得自己的想法够有趣、够独特，能为大众解决苦恼，就可以持续地完善这个想法。

产生创意的一个关键是原创的能力。原创性是根据一个想法的新颖性和稀有性来定义的，并且是通过与其他想法相比较来衡量的。这个过程具有一定的难言性、不确定性、互补性。

在一些餐具中，看似精美的餐盘、茶杯和茶壶里，有栩栩如生的手指和嘴巴，将食物摆放进去，从视觉上给人一种既矛盾又真实的体验，这种创意的难言性体现在观念、想法、灵感上的非标准化。对于这种创意，有人觉得怪诞，有人觉得恐怖，也有人觉得富有风趣，这种创意的产生往往依赖于自身的经验、直觉和洞察力，很难有统一的审美标准。

创意的互补性是指不同领域和不同学科之间的创意相互融合和相互补充。创意通过跨学科的思维和创新组合，产生出新的想法和解决问题的方法，进一步推动了人类社会知识分工和分工协作的深化。这种互补性是在现有知识和资源基础上的一种增量知识和资源，只有和其他相关知识和要素资源有机结合，才能更好地发挥作用。同时，在另一方面，创意的互补性也能够增强不同学科和领域之间的相互影响和交流，壮大人类智慧的汇聚力量。但是，创意的互补性并不能直接转化为现实世界的生产力，它需要在具体的实践中与其他相关知识和资源结合，并且经过不同程度的变化，才能切实发挥其使用价值。这也代表着创意实践过程中对创意的不断完善、调整和优化。只有在经过实际的验证和不断地丰富及改善后，才能更好地加强创意与现实世界的联系，并产生更大的社会价值。例如，不插电禅意山水加湿器没有电气部件，主要借助水的自然挥发实现加湿功能，山水部分是加湿主体，中间夹层为吸水毛毡。将清水倒入底座后水分自然蒸发，同时毛毡会随着水位下降，与国画山水的朦胧产生关联。

创意不仅是一种能够创造出满足人类情感需要的新事物的思维能力，还蕴含了满足人情感需要的思维成果——创造新意。

创意的含义应该从以下层次来理解。

从创意属性来说，创意最基本的属性是新颖性。这里的"新"指的是创意主体独立想出来的创意，它可以分为两种情况。首先，新颖性可以体现为别人没有想到或提出的创意。这意味着创意主体能够通过独立思考和创造，提出一种之前没有人想到或提出过的创意。这种新颖性反映了个人或群体的独创能力和独特的思维模式，他们能够跳出传统的思维框架，提出全新的想法和解决问题的方法。其次，新颖性也可以体现为在不知道别人已经想到或提出的情况下，个人进行独立创造的创意。这意味着个人在没有受到他人已有想法的影响下，通过自己的思维和创造性思维，独立提出了新的创意。这种新颖性同样代表了个人的独立思考和创造能力。例如，最早的听诊器是在1861年创造出来的，当时法国一名医生给有心脏病的患者诊断病情，由于无法通过耳朵听到清晰的心跳声，在紧急情况下，他用一张纸卷成圆筒形来放大听到的声音，以此创意为基础，改造出了现在的听诊器。

从创意的目的性来说，创意是为了寻找解决特定问题的办法，以达到特定目的的可行性探索。可行性指的是在当前条件下，创意能够被实施和实现，并且能够解决当前的特定问题，达成预期的目标。创意不仅是一个新颖的主意，在实际操作中还要考虑其可行性和可实现性。一个创意只有在具备可行性的前提下，才能够真正发挥其价值和实际作用。因此，创意的目的性是为了发现和探索具有可行性的新主意，通过这些主意解决特定问题并达到特定目的。只有创意的创造性和可行性结合在一起，才能够为我们提供创新的解决方案并创造具有实际价值的成果。

可见，创意是创造性思维的成果，也是意识领域的成果。各个领域的创意和创意思维活动的差别往往是巨大的，这是因为不同领域有着不同的特点、需求和审美标准。由于研究视角的差异，创意和创意思维活动的概念也需要多样化。不同领域可能会有不同的理解和定义，因为它们面临的问题、目标和方法各不相同。在探索科学概念时，创意思维、非逻辑思维和逻辑思维的结合是非常重要的。创意思维能够激发新颖的想法和新的观点，非逻辑思维能够打破传统的思维模式，而逻辑思维能够确保概念的合理性和准确性，因此在给创意下定义时，需要遵循相应的逻辑规则。对于一个科学概念的定义，我们需要考虑到其所属领域的特点和规范，同时遵循逻辑的准则和规则，不同学科对于创意的理解和认知可能存在差异，通过进一步的跨学科研究，可以更全面地探索创意的本质和属性。这对于创意学学科建设来说是一个重要的方面，可以促进对创意的深入理解和应用。

二、创意的原则

创意的根本原则是传达信息，以创造性思维为先导，寻求创新、独特的表现形式和表达方式。创意有助于开拓人们的思维空间，探索未知领域，挖掘未曾被发现的可能性，从而提供新颖的解决方案和新颖的表达方式，这也是创意思维重要的表现形式之一。创意思维强调打破思维定式，以敏锐、卓越的观察力、联想力、想象力、辨别力等发现更多的可能性和解决方案，包括改变、模仿、创造、整合、逆向思维、类比思维等方法，来构思新想法或解释问题。这种思维方式注重创造性地整合和运用过去的经验和现有的知识，充分利用已知元素，通过重新组合、重构、创造新元素等方式产生更有创造性的成果。创意需要通过绘、写、刻、印等手段来体现。

（一）创意的独创性原则

独创性原则是指在创意中不能墨守成规、因循守旧，而要勇于独辟蹊径、标新立异。在创新和营销领域中，具有独创性的创意往往有突破性和亮点，能够让观众感到新奇、有趣和震撼，留下深刻而持久的印象。这种独创性的效果能够创造出更好的品牌形象和口碑，促进产品和服务的推广和销售。在创业和管理企业的过程中，独创性的创新成果被认为是迅速成功的关键，因为它们具有高度的差异化和竞争优势，可以在激烈的市场竞争中脱颖而出。

（二）创意的参与性原则

从实质层面看，参与性原则注重让群众广泛参与其中并产生特定共鸣。如今正值体验经济盛行的时代，企业需将产品视作工具，将服务打造成舞台，并以消费者为重心，创造性地开展能够启发消费者回忆或可以鼓励他们积极参与的活动。举例而言，自改革开放以来，我国旅游业发展迈入了一个重视体验和感官享受的阶段。在当前社会，游客参与旅游活动，往往通过亲身体验来满足多样化的精神需求，这意味着他们的身体需求和心灵需求都能得到满足。这种体验通过借助人造环境来刺激个体感官，从而给游客留下深刻的记忆。游客只有在领略到旅行文化所具有的独特吸引力和新奇感的同时，还能够获得放松感、产生心灵共鸣的情况下，才能对某些景区或旅游活动留下深刻印象并渴望再次尝试。因此，在针对旅游商品进行创意设计时，设计者应该考虑让游客参与其中，并紧跟市场趋势，从而为游客提供高水平的旅游体验。

（三）创意的个性化原则

随着互联网和信息技术的不断发展，人们的生活空间变得更加广阔且充满潜力。这种改变促使世界向更包容和开放的方向发展，人们越来越关注个性化体验，迫切追求独一无二的产品。因此，个性化已经成为文化创意产品发展的主要趋势。这种基于个人经历的消费方式有助于人们获得精神上的满足和丰富体验。消费者愿意支付费用以获得此类服务，并由此获得心理上的满足感，这也有助于提升他们的忠诚度。每个人都具有独特性，每个人的感受和体验都是独特的。只有那些能够适应游客个性化需求的文化创意产品才能受到用户欢迎并取得成功，进而在旅游市场上赢得认可。目前，个性化定制商品备受欢迎，如手绘杯子、鞋子，以及在杯子或 T 恤上印制用户头像等。现在 DIY 手机壳（图 1-2-3）已经发展成为市面上常见的时尚文化创意产品。用户可以根据自己需要购买有底膜、琉璃钻、素材壳、点钻笔、AB 胶等材料的手机壳 DIY 材料包，经过简单的步骤，设计出自己喜爱的个性化手机壳。

图 1-2-3　DIY 手机壳

（四）创意的差异性原则

目前设计市场上的创意产品存在一个突出的问题，即同质化现象过于普遍，缺乏差异化，存在较多的模仿现象，这导致各地的文化创意产品缺乏差异性。创意产品应以"人无我有，人有我优，人优我特"为追求，一个"特"字足以凸显创意产品差异性原则的重要性。由于个人的背景、兴趣、经济状况和文化程度不同，消费者对创意产品的审美观念、切实需求、评价结果会有所差异。这说明创意产品需要有多种类型，以满足不同群体的多样化需求。产品创意设计者只有提供独特和具备创新性特征的产品设计，并激发消费者对新颖创意产生热情，才能满足他们对独特和前卫消费体验的追求。

（五）创意的文化与商业结合原则

保护文化和推动商业发展之间存在着一种微妙的平衡，如果将地方文化商品化就会不可避免地改变其独有的文化特征。企业在开发和推广产品时，如果过于注重商业利益而忽视对文化的尊重和传承，就会导致严重的文化亵渎和商业平庸。

因此，我们需要重视文化在商业竞争中的作用，并通过深入挖掘文化底蕴、把握文化基因和对文化特色进行创造性地构建等方式，来实现有效的文化传承和商业发展。在这个过程中，需要系统性地解决文化传承问题，并最终解决地域文化与设计冲突问题。只有这样，才能够真正体现文化的价值和特色，使产品具备较高的商业价值和较强的竞争力。

在设计行业中，创意产品扮演着十分关键的角色。在开发文化创意产品时，我们应当遵循文化传统和商业理念，将二者有机地结合在一起，从而创造具备文化特色、能满足市场需求并具有商业价值的创意作品。

第三节　文化创意产品设计的原则与方法

一、文化创意产品设计的主要原则

（一）市场导向原则

市场导向原则是指企业以市场需求为出发点，通过深入了解消费者需求、市场趋势和竞争环境，开发出适应市场的产品和服务。这一原则确保了产品的市场适应性和竞争力，并能够满足消费者的需求。在设计文化创意产品时，需要将市场导向与文化内涵结合起来。设计师应该辩证看待市场导向和文化内涵的关系，找到一个平衡点。一方面，设计师应了解市场需求，把握市场趋势和消费者的偏好，将文化元素有机地融入产品设计中，从而提高产品的市场接受度和市场竞争力。另一方面，设计师也要深入挖掘文化内涵，理解和传递文化的价值观和精神内涵，使产品具备独特的文化魅力。

20 世纪 50 年代，在西方发达国家随着买方市场的出现而产生了现代经营思想。目前，现代经营思想已成为当代市场营销学的主线。现代经营思想强调以市场需求为导向，以消费者为中心，从而推动企业的生产和销售策略的调整。企业不再将现有产品强制性地推向消费者，而是更加关注市场需求，积极开展市场调研，了解消费者的需求和喜好，并根据这些信息调整产品定位、功能和设计，以满足消费者的需求。企业不是单纯追求销售量的短期增长，而是把眼光放在长远地占有市场份额上。

在市场经济机制中，文化创意产品的需求是由消费者通过购买行为来表达的，供给则是由生产者根据市场需求而决定的。市场作为连接需求和供给的环节，通过价格机制、信息传递和竞争机制等，影响着消费者和生产者的行为和决策。市场对于文化创意产品的需求和文化创意产品对市场的供给是在一个体系中的，这两者之间的关系既是矛盾的又是统一的，正是这种关系促进了文化创意产业的发展，成为文化创意活动发展的动力。

文化创意市场瞬息万变，其中，消费者的需求在变，竞争对手的策略也在发生变化，与文化创意产业相关的制度与法律也随之完善，这说明与文化创意产业相关的企业也在不断发展。文化创意企业的繁荣和壮大主要取决于其能否灵活适应文化创意市场的变化，以及能否满足消费者日益增长、日益多样化的需求。因此，文化创意企业应具备根据市场需求灵活发展的能力，并能灵活调整组织结构、合理配置资源。文化创意企业应该充分发挥自身长处，灵活应对市场情况，及时开展营销活动，并科学制定与自身发展需求相符的市场营销策略。文化创意企业的未来发展目标会受到市场营销战略的深远影响，因此市场营销计划是其发展的重要基石。客观来说，文化创意企业的成功与失败在很大程度上取决于市场营销策略的有效性。尽管文化创意企业具备优秀的执行计划和强大的销售团队，但如果其市场营销策略使用不当，就有可能在竞争激烈的市场中失去正确的前进方向，面临企业生存和发展的威胁，甚至有被竞争对手淘汰的风险。

（二）实用与美观统一原则

随着时代的变迁，人们的审美品位和美感需求变得越来越多样化，这使得人们期望产品不仅具有实用功能，还要具备良好的外观。根据相关研究可知，人们普遍认为设计优美的产品比普通设计的产品更具实用性。并且对于产品的外观设计以及功能设计等方面产生了很大的影响。

一个产品美观的设计会让其看起来更加具有实用性，无论实际上该产品是否真的更加实用，但是更加实用却缺少美观设计的产品往往受到消费者的冷落，这引起了关于产品实用性问题的争议。这些观念在美学设计上和在美学设计方法的使用上都产生了很大的影响。

一款吸引人的产品应该是外观精美、实用功能出色的，能够同时满足消费者的审美需求和实际使用要求。所以，在设计文化创意产品时，企业应该深入了解消费者的喜好和多元化情感，通过认真调研和整理消费者的审美倾向，融合文化要素，最终设计出符合市场需求的、满足消费者审美需求的产品。目前市场上有很多文化创意产品的设计仅仅达到了美观的标准，而忽略了产品的实用性，这种产品使消费者对于部分文化创意产品产生了"中看不中用"的看法。也有一些文化创意产品在保证其实用性的基础上采用与品牌合作设计联名款的方式提升消费者对文化创意产品的信赖程度。例如，百雀羚的生产商与珠宝设计师钟华合作，推出一款带有浓郁中国风特色的梳妆礼盒。这款文化创意产品所具有的精致的中国风受到消费者的广泛追捧。

（三）绿色环保原则

美国著名的设计理论学者维克多·帕帕奈克于 20 世纪 60 年代出版过一部名为《为真实的世界设计》的著作，该著作一经面世便引起了激烈的讨论。该著作指出了设计师在社会中所具备的社会价值和伦理价值。在 20 世纪 80 年代，一种全球性的设计理念开始兴起，人们开始意识到地球的生态平衡正面临着危机。人类过度利用和破坏自然资源，促使设计师们开始意识到环保和可持续发展的重要性。

在产品设计过程中，设计师应始终秉持生态保护的重要原则，注重促进人类与自然之间的和谐互动，以确保自然资源的可持续利用，减少对生态系统的不利影响。在进行文化创意产品设计时，设计师应该首要考虑减少使用有害物质，科学选择可回收和可再利用的零部件进行制造。此外，设计师应当将生态保护视为关键考量要素，并将该理念贯彻至产品设计中，以创造出简约耐用的产品，力求延长产品使用寿命。

（四）系统化与层次化原则

在设计文化创意产品时，设计师应该坚定地、系统性地秉持多元化的设计原则。消费者的需求受许多因素的影响，包括但不限于性别、年龄、个性、兴趣爱好、文化背景等因素,因此单一的产品是无法满足广大消费者多种多样的需求的。企业和设计师在设计文化创意产品时应该准备多种设计方案以满足不同消费者的不同需求,并且要设计不同规格、不同价值和不同档次的文化创意产品。

第一,高档价格文化创意产品设计。首先,在设计高档价格文化创意产品时,品牌塑造是至关重要的一环。品牌是产品与消费者之间的桥梁,它代表了产品的价值、形象和文化内涵。通过品牌塑造,可以为文化创意产品打造独特的身份,提升产品的美学价值、文化内涵,以及消费者的审美品位。其次,保留精湛的手工工艺技巧痕迹是设计高档价格文化创意产品时考虑的因素之一。手工制作的产品会有更多的不规则、自然的痕迹和花纹,在客观上增添了产品的自然质感。这些工艺技巧痕迹可以让文化创意产品更加有机地融合自然,体现自然美。最后,在包装上应突出产品的特色和文化背景。通过包装设计,可以向消费者传达关于产品文化内涵和背景的信息,引导消费者对产品的价值产生认同和尊重。

第二,中档价格文化创意产品设计。中档价格文化创意产品设计应考虑消费者对文化创意产品的内心情感需求、精神需求,最终创造出充满趣味的文化创意产品。

第三,低档价格文化创意产品设计。以确保文化创意产品的高标准和独特性为前提,大规模生产这些产品,并采用成本较低、易于加工的原材料满足消费者的多样化需求,是一种关键的文化创意产品设计策略。以保持产品价格亲民为前提,在策划文化创意产品时,企业应该考虑推出多个不同款式的产品,形成系列,以吸引消费者的注意,提升其对企业品牌的忠诚度。当下的市场经济侧重于满足消费者的需求,而那些单一的文化创意产品难以长期存在于市场,因此,文化创意产品需要进行系列化生产。通过推出一系列创意独特的文化产品,企业可以扩大消费者的选择范围,激发他们购买的兴趣,提升产品在市场竞争中的地位,以适应不断变化的市场需求。

二、文化创意产品设计的方法

（一）头脑风暴设计法

"头脑风暴"最初是在精神病学领域被提出的，用以描述精神病患者的思维紊乱状态。头脑风暴方法是指通过自由想象和讨论的方式，不受限制地产生新的创意与想法。

头脑风暴设计法是指利用头脑风暴的方式，根据一个中心词进行创意联想和探索，并自由地思考和探讨各种有趣的文化元素，而后将想到的关键词写在便签上，最后对其进行进一步的分析和整理的一种设计方法（图 1-3-1）。

图 1-3-1　头脑风暴示意图

在组织群体进行头脑风暴时，主持人需要将有关的专家集中起来进行专题会议。主持人将会议的主题向参与者进行阐述，明确会议的规则，营造出轻松、和谐的氛围以保证会议的顺利进行。主持人不要对会议主题发表自己的意见，以免打扰参与者，由参与者自由提出尽可能多的方案。

（二）卡片智力激励法

卡片智力激励法是由日本创造开发研究所所长高桥诚发明的，其特点是对每个人提出的设想进行质询和评价。采用卡片智力激励法需要进行卡片切割（图 1-3-2）。

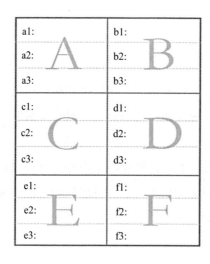

卡片切割

①卡片切分成 6 大块；
②每个大块再切分成 3 个小块；
③每一阶段（5 分钟）要填满一个大块，即 3 小块内容。

图 1-3-2　卡片切割

卡片智力激励法实施步骤如下。

第一，由 5～8 人参加会议，每人发 50 张卡片，另准备 200 张卡片备用，会议时间为 60 分钟。

第二，参与者对会前所提示的主题进行设想，并把设想写在卡片上。每张卡片写一个设想，每人提出 10 个以上的设想，时间为 10 分钟。

第三，在开会时，参与者把卡片放在桌子上，轮流进行解说。

第四，在倾听他人设想时，参与者可提出质询。如果自己有新构想，应立即写在备用的卡片上，并把卡片放在桌子上，时间为 30 分钟。

第五，参与者发言完毕以后，将内容相似的卡片集中起来，并加上标题。

第六，卡片分好类后，要将标题写在最前面，并排成一列，之后逐一讨论完善各种设想。

第七，主持人决定分类标题的重要程度，时间为 10 分钟。

（三）奔驰创新思维法

奔驰创新思维法是一种策略，用以促进创新思维的产生。就指导实践而言，它主要涵盖以下七种思维方式。

一是替代。创意中哪些内容可以被替代，以便改进产品？哪些材料或资源可以被替换或互相置换？运用哪些其他产品或流程可以达到相同的目的？

二是结合。哪些要素需要相互结合，以便更进一步丰富创意内涵？将这种产品与其他产品结合将会创造出何种全新产品？将多个设计目的或目标相互交织在一起能否找到全新的创意方向？

三是调适。创意中的哪些元素可以进行调整和改良？如何将产品进行调整，以达到另一个目的？还有什么元素、目的或产品可以进行调整？

四是修改。如何修改创意以便进行下一步改进？如何修改创意现阶段的形状、外观以给消费者带来不同的感受？如果将该产品的尺寸放大或缩小，会有怎样的效果？

五是其他用途。创意要怎样运用到其他用途中？是否能将创意用到其他产品或行业中？在另一个情境中，产品的行为方式会如何？能否将产品的废料进行回收再利用？

六是消除。已有创意中的哪些方面可以去掉？如何简化现有的创意？哪些特征、部件或规范可以被省略？

七是反向。与创意完全相反的情况是怎样的？如果将产品的使用顺序颠倒过来，或改变其中的使用顺序，会得出怎样的结果？如果做了一个与现阶段创意完全相反的设计，结果又会是怎样的？

（四）拼贴画法

拼贴画法侧重于通过视觉方式展示产品在不同使用情境下的表现，进而展现产品的目标受众和品类。这种方法有利于设计师优化视觉设计，使其更好地与项目中的其他利益相关者共同交流设计规范。

在使用拼贴画法时，设计师需要选择适合的材料，既可以是平面的材料，也可以是立体的材料。设计师可以凭借直觉搜集更多的视觉资源，然后对目标受众、环境、用途、行为等多种因素加以深入考虑，并根据色彩和材质将这类资源分类开来。另外，设计师还需要考量背景的作用和重要性，如布局位置、横向或纵向排列，以及背景的颜色、纹理和大小等。

在制作拼贴画时，首先，设计师应在草图上尝试多种布局方式，着重考虑坐标轴和参考线设置，确保图层排序、图像尺寸和图像与背景之间的关联；其次，设计师要根据个人的设计理念，暂时性地制作一幅拼贴艺术品；最后，设计师要仔细检查整幅图像，在确认其能准确传达自己想要传达的主要信息之后，对其加以复制并粘贴。

（五）场景描述法

场景描述法是一种用户研究方法，以故事的形式讲述目标用户在特定情境中的需求和期望。这些情境可以是现有产品与用户之间的交互方式，也可以是未来场景中不同的交互可能。通过使用场景描述法，设计团队可以更好地预测用户在真实场景中可能会面临的问题，从而用于优化产品设计和开发，改善用户体验。在使用应用场景描述法时，设计师需要确立清晰的目标，有规划地设定场景描述的范围和长度，选择特定的用户人物或用户群体，并明确定义主要目标的实现标准。另外，在考虑如何呈现场景风格时，设计师需要为每个场景创作一个富有启发意味的标题，并以人物对话的方式生动刻画场景细节。除此之外，设计师需要针对场景确定一个引人入胜的开始，即能激发情节发展的契机或事件，这样可以帮助设计师专注于创作极具潜力的场景描述。

在寻求解决方案之前，设计师需要先明确真正存在的设计挑战，这被普遍认为是解决问题的关键步骤，也是解决问题不可或缺的先决条件。在笔者看来，设计师回答以下问题对于其清晰了解设计任务、寻找设计问题大有帮助。

1. 谁遇到了问题？

2. 主要问题是什么？

3. 与当前场景相关的因素有哪些？

4. 遇到问题者的主要目标是什么？

5. 需要避免当前场景下的哪些负面因素？

6. 当前场景下的哪些行为是值得采取的？

设计师可以总结他们的成果，以简洁明了的文字形式加以表达，并据此制订设计方案。该方案需要涵盖对可能发生的情况的详细描述，以及可能启发设计理念的方向。清晰地陈述问题在很大程度上有助于促进设计师、用户和其他相关方之间的有效交流。

在设计问题界定后，设计师需要进行"分合"。分合思维是一种将思考对象在思想中加以分解或合并，以产生新思路、新方案的思维方式。

（六）用户观察法

用户观察法是指设计师通过与用户进行访谈或使用问卷调查等方式，在没有干预的情况下确定产品内容、对象及地点的方法。设计师通过记录用户在真实环境和实验室中与产品互动的经验和反应，并将这些信息整理成图表和文字等形式，进行深入、细致的分析，以了解用户行为并为设计提供方向。用户访谈通常被用来改进已有的产品或服务。

用户访谈针对的是已经在消费者脑海中形成概念的产品或服务。采用用户访谈的方法，企业可以深入探讨各种特殊现象、具体情况、特定议题、常见社会规范、极端情况以及消费者喜好等内容。在进行用户访谈之前，首先，企业需要准备一个访谈指南，确定各种讨论主题和相关问题。其次，根据项目的具体目标，挑选 3 至 8 位合适的受访对象。再次，企业派遣代表人，和这些受访对象交谈大约 60 分钟，注意在采访过程中，企业代表需要使用录音设备，以便准确记录谈话内容；最后，整理采访记录。

第四节　文化创意产品设计的分类和特点

一、文化创意产品设计的具体分类

文化创意产品的设计并不是漫无目的的，而在于文化的创意表现。我们可以将文化创意产品设计大致分为四类：原生态文化创意产品设计、手工艺文化创意产品设计、工业化文化创意产品设计、艺术衍生文化创意产品设计。

（一）原生态文化创意产品设计

原生态文化创意产品是指对按照自然发展规律生存下来的事物进行文化创意设计后呈现出来的产品。这种设计风格因其回归自然和纯朴生活的象征意义而备受瞩目，成为越来越多设计师采用的一种绿色设计风格。在当今多元化的设计风格中，原生态文化创意产品设计提供了一种新的视觉风格，并逐渐受到大众的认可和欢迎。在制造业逐渐转向智能、数字化和虚拟化的今天，原生态文化创意产品设计成为人们追求自然、简单和纯朴生活的一种方式，为消费者带来一种新的生活方式和消费理念。原生态文化创意产品设计的本质是回归自然和传承文化，其设计构思来源于对自然和文化的深入理解和研究。因此，这种设计具有很高的文化价值和设计价值，能够满足消费者对于新奇性、实用性和美观性的需求，也能够推动文化的传承和发展。

在经济快速发展的同时，环境污染、资源浪费和生态破坏问题也愈加严重，导致人们对于保护自然环境和追求和谐生活方式的欲望越来越强烈。在这种背景下，原生态设计理念开始得到人们的关注和应用。原生态设计理念倡导因地制宜、遵循自然的发展规律，希望在保护自然的同时满足人类的需求。人们在产品设计中，需尽可能减少人为的干扰，尽最大可能在设计中保留事物原有的状态，以实现与自然的和谐共存。原生态设计作为绿色、环保的一种设计理念和方式，越来越受到设计师和大众的关注和应用。它遵循自然的规律，以简约、纯净、自然为设计准则，减少了对环境的破坏，提高了资源利用效率，同时体现了人类对于和谐生活方式的追求。根据原生态文化创意产品设计尽可能保持事物原有形态这一理念，我们可以从自然造型着手，分别从材料、形态、加工工艺、色彩等几个方面进行设计。从材料上讲，选用自然材料如木材（图1-4-1）、藤、棉、麻等可以使产品更具自然美感，并与自然环境产生更紧密的联系，从而实现对自然美学的追求。与其他人工材质相比，自然材料的质感更为自然，触感更为真实，给人一种温暖、朴实的感觉。从形态上讲，原生态文化创意产品设计可以将所用材料的本身特性融入造型中，这种造型方式可以保留材料自身天然的美感和特性，也可以感受到材料的质感。在加工工艺上，一方面可以保留自然材料的原汁原味，以确保产品的自然属性；另一方面还可以保证制作的文化创意产品有一定的实用性和美感。例如，对于木材这种材料，可以利用木材的纹理并合理设计造型，以表现出木材特有的质感和美感。在色彩上，原生态文化创意产品可以选择自然材料的固有色作为主色调，辅以适量的装饰色。自然材料的固有色通常具有均衡、朴素的特点，它们呈现出自然界的原始色彩。这些固有色彩能够保留材料本身的特性和质感，给人一种接近自然的感受，并且凸显材料的独特性和可识别性。

图 1-4-1　原生态鸡蛋包装设计

原生态文化创意产品的设计理念是通过自然而真实的设计元素和情感体验，激发人们对自然、生活的情感共鸣，营造出一种和谐、放松、愉悦的氛围。这种设计理念通常会以自然元素、手工艺和独特的材料为基础，以简约、清晰、直观的形式呈现产品，从而取得与自然环境相契合的设计效果。通过设计和制作原生态文化创意产品，可以为人们带来与大自然和谐共生的感受，并且满足他们对真实、质朴、温暖的情感需求。

（二）手工艺文化创意产品设计

我国的民间手工艺有着悠久的历史，其文化形式种类丰富，地域特征浓郁。具有浓郁乡土气息的民间手工艺是民族文化和艺术的重要组成部分。它们代表了特定民族的传统、历史和生活方式，反映了民族特色和本土精神。这些手工艺品往往以独特的技艺、材料和形式展现出来，具有独特的艺术魅力。它们传承了家族和社区的智慧和技能，凝聚了文化的记忆和情感。因此，它们不仅是艺术创作，还是人类宝贵的文化遗产，代表着一段历史和一种文化的传承。在当今追求个性化和独特性的社会中，传统手工艺品因具有独特的艺术品位和个性化特征，成为国内外消费者的收藏品。

民间的手工艺工匠通常将自己的物质需求和精神需求作为主要审美取向，将自己对世界的向往诉诸艺术形式。民间在进行艺术作品创作时，对美的追求是非常强烈的，创作者对美的认识与表达也不尽相同。但对于民间艺术创作而言，美一定是善良的，是天然和纯净的，这正是美与善的完整统一。当代优秀的民间艺术作品通过与时俱进的创新和设计，成功地将民间文化与当代审美理念相融合，呈现出独特的审美价值和艺术风格。在民间艺术作品的创作中，真诚和善良是其本质内涵，这两者贯穿于整个创作过程，在创作者的表达和观众的接受中，传递出美好的祝愿和情感。民间艺术作品体现了创作者的态度和情感，表达了创作者对世界的热爱和包容。在创作过程中，创作者将其内心深处的感受、独特视角，以及对世界的感知融入作品之中，通过手工艺的精细制作和自由想象的艺术创作，呈现出真实美好的形象和情感。而善良则是民间艺术作品传递出的美好祝愿和精神内涵，代表了人们向善、向美的追求和期望。无论是寓意美好的图案，还是富有温度的手感，都是创作者在表达真善美的同时，在关注和传递美好的情感和价值观。这种内含着真善美的民间艺术，不仅展示了厚重的民族文化，还凝聚了整个民族的力量源泉。在探求"善"的过程中通达"真"，在"真"的基础上追求"美"，最终达到"真善美"的境界。这种艺术表现形式不仅使我们更好地领略到了美的真谛，还激励我们追求良好的价值观和生活境界。

手工艺文化创意产品设计通过将传统手工艺与现代设计相融合，以传统手工艺品为基础，注入创新的思维和现代的技术，使产品既具有传统的文化底蕴，又具备现代时尚感和实用性。设计师通过在造型设计、色彩运用、图案纹饰和材质选择等方面的创新，使产品更富有个性和独特性，能够引起现代人对文化的共鸣和兴趣。这种设计方法不仅从传统文化中汲取灵感，还将民间手工艺的技艺和工艺与当代审美相融合，创造出具有地域特色和时代感的文化创意产品，为现代市场和消费者提供了更具价值和意义的选择。

公仔作为时下流行的卡通玩具，与传统意义上的玩具有所不同。公仔不仅具有可爱的外形，还蕴含着故事情节和个性化的人格特质；通常会有自己独特的形象、背景故事和特点，成为人们的陪伴伙伴和情感纽带。这种个性化和人格化的概念使公仔更受现代人的喜爱。比如，兔儿爷公仔（图1-4-2）作为老北京的传统手工艺和中秋节的儿童玩具，具有丰富的文化内涵和象征意义。它不仅是一种玩具，还承载了祝福和吉祥的寓意。

图 1-4-2　兔儿爷公仔

（三）工业化文化创意产品设计

现代科学技术的发展为工业化文化创意产品设计提供了更多的可能，然而在追求高新科技的同时，有时会忽视了对内在的艺术审美和情感共鸣的关注。工业化文化创意产品设计，如果仅仅追求外观的华丽和科技的刺激，而忽略了传统文化元素和内在的灵性，就会使产品失去深度和内涵。

中国的现代工业设计起步相对较晚，经历了一个逐渐成长和发展的过程。在过去的几十年里，中国的工业设计经历了从简单模仿到盲目追随再到本土化改良的阶段，近年来开始尝试创新，并取得了一些进展。

可喜的是，在中国工业设计的进程之中，日益涌现一些有益的尝试和成功的案例。例如，在北京申办奥运会的过程中，奥运会标志（图 1-4-3）、奥运祥云火炬（图 1-4-4）和场馆设计（图 1-4-5）等方面都以中国传统文化为灵感来源，体现了中国独特的文化元素。这些设计通过运用中国传统的图案、形式和意象等元素，既体现了中国作为东方文明的代表，也体现了中国现代化的发展和融入国际社会的自信。类似地，世博会中国馆的设计采用了中国古建筑的斗拱造型，以体现中国传统建筑的独特美学价值。这些设计不仅是对传统文化的传承和保护，更是通过创新的方式将传统元素赋予现代工业化的表达形式。这种将传统文化与现代工业设计相结合的方式，既弘扬了中国传统文化，又带给世界更多新颖而独特的体验和感受。同时，还给工业化文化创意产品设计领域带来了清新的文化灵感。

图 1-4-3　北京奥运会标志　　　　图 1-4-4　北京奥运会"祥云火炬"

图 1-4-5　"鸟巢"体育场

　　工业化文化创意产品设计应该传承和应用中华优秀传统文化元素，同时结合现代设计理念，进行创新和发展。这样才能创造出真正具有内涵和灵魂的文化创意产品。在全球化、科技驱动社会发展的大背景下，文化元素的传承和创新变得更加重要。传统文化是我们国家的瑰宝，蕴含着博大精深、丰富多彩的内涵，是工业化文化创意产品设计必须发掘的资源。我们应该把传统文化元素融入工业化文化创意产品中，不仅是在产品的形式和表象上，还应该注重表达其意境和精神内涵，让产品更具有文化性和艺术性。但是，我们也必须面对传统文化与现代设计理念之间的碰撞和融合。在创作过程中，我们应该吸收传统文化的精华，融入现代设计中，同时也要遵循现代设计思想和技术，符合现代市场和消费者的需求。只有这样，才能产生有影响力的工业化文化创意产品，提高产品的文化含量和品质水平，赢得更广泛的市场和消费者的认可。

（四）艺术衍生文化创意产品设计

艺术衍生文化创意产品是一种以艺术作品为创造源泉的文化产品，具有较高的艺术性和实用性，是一种充满艺术创意性的产品，可以有效宣传艺术家及其作品，也是现代文化艺术消费的新趋势。

设计源于生活，生活得益于设计。藏在博物馆里的凡·高的作品好像离我们很遥远，但可以将凡·高的画作变成贴近生活的艺术衍生文化创意产品，让艺术进入我们平凡的生活、拉近彼此之间的距离。设计师以凡·高博物馆正版授权的凡·高八大作品为蓝本，创作了限量的系列艺术衍生文化创意产品，其作品的浪潮似乎没有因为年代的久远而平息，每每提起，依然可以激起我们的热情。设计师从凡·高的大量画作中选出八幅画作（《向日葵》《盛开的杏树》《鸢尾花》《雷雨云下的麦田》《麦田群鸦》《花园中求偶的恋人》《黄房子》《自画像》）作为主题，然后经过细致设计，多次调整所用图案的色调、面积、排布等细节，最终设计出笔记本（图1-4-6）、冰箱贴（图1-4-7）等文化创意产品，以及多种数码周边产品。从生活周边到创新科技，设计师出于对凡·高的敬意和怀念，每一个作品都创意满满，承载了对凡·高作品的热爱。产品一经推出便受到消费者热烈欢迎，为艺术衍生文化创意产品市场提供了优秀的商业案例。

图1-4-6　凡·高绘画衍生文创：笔记本　　图1-4-7　凡·高绘画衍生文创：冰箱贴

二、文化创意产品设计的主要特点

文化创意产品的核心价值在于其文化创意内容，这包括了产品所承载的文化内涵以及承载这一内涵的载体。文化创意产品的独特之处在于其对文化元素的创新运用和表达，以及对传统文化的传承和演绎。这种相互依存的关系确保了文化创意产品的独特性和表现力。文化内涵赋予了产品深厚的历史和精神内涵，而承载这一内涵的产品形态和设计则为文化内涵提供了具体的表达方式和呈现方式。只有两者相互结合，文化创意产品才能真正体现出独特的文化创意价值。正因如此，文化创意产品的设计和制作需要更加注重文化内涵的深度和精准度，同时也需要将这一内涵融入产品的各个细节和表现之中，使产品的外在形式与内在文化内涵相辅相成、相得益彰。这一点对于推动文化创意产品设计和制作的发展具有重要的意义，也为文化创意产品赋予了更加特殊和珍贵的文化价值。

旅游景区和博物馆等文化场馆通过推出具有鲜明特色的文化创意产品，可以为其特色文化带来新的亮点和吸引力，进而提升游客的体验。对于大多数博物馆、文化馆和纪念馆等场馆来说，实行免费或低价门票的政策，会增加它们的财政压力。这些场馆主要依靠财政拨款来维持运行，但有时候这些拨款可能无法满足其正常运行所需的经费。在这种情况下，文化创意产品作为场馆的衍生品，可以通过其独特的设计、创意和文化特色，激发游客的消费意愿，从而增加场馆的收入。通过合理的定价和销售策略，文化创意产品可以成为场馆的重要经济来源，为场馆提供经济支持和发展空间。

在故宫文化创意产品的推广中，帝王、妃子、大臣等古人纷纷变身现代网红为故宫代言，卖萌、吐槽，充满烟火气。"来自故宫的礼物"系列文创——"卖萌"皇帝形象设计如图 1-4-8 所示。

图 1-4-8　"卖萌"皇帝

文化和创意是文化创意产品的两个核心元素，它们是吸引游客的关键。文化是文化创意产品的精髓，创意则是产品与众不同、突出个性的重要标志。只有将两者有效结合，才能打造出独特的文化创意产品，赢得游客的喜爱。在文化创意产品的设计制作中，创意和文化是密不可分的。创意属于产品设计的初始阶段，需要设计师对文化内涵的深入理解和创新思维的发挥。要做到构思巧妙、创意新鲜，设计师需要不断开拓思路，注重文化内涵的深度和多样性。同时，产品的制作也需要注重细节，避免产品的同质化，使之与众不同、具备明显的个性特征，从而创造出更为吸引人的文化创意产品。

优质的文化创意产品是会在一定程度上迎合大众旅游时代文化体验需求的。目前，我国的文化创意产品开发在一些地区已经有所起步，但整体仍然处于初级阶段。虽然在一些知名景区和城市中可以找到一些具有一定水准的文化创意产品，但在广度和深度上仍然有很大的提升空间。文化创意产品不同于一般工艺品，其创意和设计应具有以下四个特点。

（一）文化创意产品设计的地域性

现代的文化创意产品不仅要满足消费者对于功能和美感的需求，还要能够通过与地域文化的结合传递独特的文化内涵和情感价值。设计师通过将地域文化的元素、故事和符号融入产品设计中，使产品具有鲜明的地域特色，能够唤起消费者对于文化的共鸣和认同。在设计过程中，还应注重包容和创新：包容意味着尊重不同地域文化之间的差异和多样性，充分理解与消费者之间的共鸣点；在此基础上，设计师通过创新的手法和思维，将地域文化与现代设计要求相结合，创造出新颖、有吸引力的产品。

地域的文化特色反映了某一地方人群的生活方式、思想观念、价值观念等方面的特点，是一种具有鲜明地方特色的文化，并且在人们的情感世界中根深蒂固。对于文化创意产品来说，地域性是其表现方式的关键，也是文创价值所在。创意的来源可以是日常生活、传统记忆、年少时的体验等。通过这些内容的整合、创新和再造，可以打造出具有独特文化内涵、地域特色以及市场价值的产品。在文化创意产品的开发中，传统文化的再创造、转化和应用非常重要。文化创意产品并不是简单的物质形态，它还体现了文化和情感内涵，而这些内涵往往是传统文化所包含的，因此需要具备对传统文化进行创造性运用的能力。只有在真正理解、掌握和发扬传统文化的基础上，文化创意产品的开发才能在表面形态和内涵上达到最为精致的契合。中国文化是中国历史发展以来多个地域文化的精华所在，不同地域的文化在传统习俗、寿俗礼仪、建筑风格、方言、服饰等方面具有明显的地域特色。这些地域文化既保留了一定的共性，也具有独特的个性，形成了中国文化的多样性。同时，中国自古以来崇尚儒家思想，强调和谐和平衡的价值观。这种思想观念对地域文化的发展产生了重要影响，形成了一种"和而不同"的文化特性，因此中国地域文化的主要特征可以概括为地域性、长期性、融合性和多样性。

地域文化除了要负责视觉上的形象，还要负责内在的灵魂价值。中华文明发展源远流长，国土面积广袤辽阔，因此中国具有多种不同的地域文化特色。例如，吴文化是具有鱼米水乡特色的才智艺术型文化，而云贵高原文化则偏重具有喀斯特地貌特色的少数民族文化。

（二）文化创意产品设计的故事性

文化创意产品的设计与一般工艺品设计的重要区别在于，文创设计不仅追求造型和美感，而且其背后需要承载一个故事。

将好的故事注入文化创意产品的设计中，就会使这一款产品散发出一种特殊的气质。就像喝一口普洱，瞬间让人心旷神怡。设计师把故事的能量通过自身的认知传递到文化创意产品的创意设计之中，在设计与加工中多次打磨，使产品充满了情感，这样消费者才会有所触动，产品价值也就会超越自身的经济价值。从这个意义来理解，消费者购买的不仅是一件物品，还是一个故事。随着故宫文化创意产品的热卖，以及相关单位对文化创意产品的重视，文化创意产品如雨后春笋般涌现，人们已经不满足于一般的文化旅游纪念品、日用品及工艺品这些对历史文化浅层次的认识和地域符号化的理解，而是渴望深入地了解中国博大精深的历史文化。在这种背景下，博物馆设计出了蕴含厚重历史文化内涵的文化创意产品，用创新创意来承载好的故事，以更加生动、有效的方式传播中华文化。

千百年来，中华民族所创造的成就举世瞩目，各大博物馆珍藏的文物丰富多彩、独具特色，背后还蕴藏着大量鲜活有趣、感人肺腑的故事，这些都可以成为文化创意产品取之不尽的文化资源。最为典型的当属故宫，故宫设计开发的朝珠耳机、顶戴花翎防晒伞、"朕就是这样汉子"折扇（图 1-4-9）、"小格格钓金龟"书签、雍正御批胶带（图 1-4-10）等一系列文化创意产品迅速蹿红。

图 1-4-9 "朕就是这样汉子"折扇　　　　图 1-4-10 雍正御批胶带

故宫博物院在文化创意产品的设计上，做了很多有趣的尝试，有许多创意十足、新奇有趣的设计，如拿着玫瑰的康熙、摆出剪刀手的李清照（图 1-4-11）等，在年轻群体中非常受欢迎。这样的设计将传统文化与现代文化和时尚相结合，给传统文化注入了新能量。它不仅符合现代人对时尚和创意的追求，还可以吸引更多的年轻人了解和关注传统文化，从而促进传统文化的传承和创新。

图 1-4-11　摆出剪刀手的李清照

故宫文化创意产品的成功并非偶然。故宫博物院具备得天独厚的历史文化底蕴和资源优势，其运用现代人的理念、新技术和新思维，将文物和历史故事融入文化创意产品中，实现了历史文化与现代产业的融合，取得了巨大的成功。故宫文化创意产品的成功离不开故宫博物院强大的文化资源和历史底蕴。故宫是中国古代的皇家宫殿，不仅是中国传统文化的重要组成部分，还是世界文化遗产。在几千年的历史中，故宫博物院积累了大量珍贵的文物和历史遗迹，这些文物和历史故事不仅承载了中国数千年的文化，还孕育了中华民族的精神特质和独特的审美情趣。而故宫文化创意产品的成功不仅来自强大的历史文化底蕴，还在于故宫博物院运用了现代人的理念，盘活了历史记忆，将文物和故事进行了再造和重构。故宫博物院将文物的价值和历史传承与文化产业紧密结合，通过创意设计和巧妙营销，设计出一件件别具创意和文化内涵的文化创意产品，以此呈现故宫的历史和文化内涵，实现了历史文化与现代产业的融合。值得一提的是，故宫博物院对新技术的应用也非常巧妙。例如，故宫文化创意产品中有许多具有科技元素的产品，如基于虚拟现实技术的游戏、基于人工智能技术的智能翻译耳机等，这些科技手段让受众能够更好地感知文物和历史，提高了故宫文化创意产品的互动性和趣味性。

在当下，文化创意产品的呼声很高，但是在一些地方，文化创意产品并没有得到市场的认可，其中一个重要原因是在文化创意产品的视野和方向方面存在着误区。创意是文化创意产品进入市场的重要杠杆。在当前的市场环境下，单纯地照搬和模仿并不能获得成功，相反，这种盲目地模仿会降低文创企业的创意能力，使其失去市场竞争的优势。因此，必须把创意作为推进文创产业发展的关键因素。在一些所谓的文创小镇中，文化创意产品缺乏原创性和独特性，面临着成千上万的同质化竞争，这种状况使得这些地方的文创产业失去了活力和动力。因此，文创企业需要提升自己的创意能力，依据本地文化和资源优势进行深入挖掘和发掘，讲好具有独特性和原创性的故事，以此提高文化创意产品的市场竞争力。总之，文创企业需要有自己的定位和方向，不能盲目跟风；需要有自己独特的文创理念和文化内涵，并在创意上具有独特性和原创性，这样才能在市场上获得更多的认可。只有这样，文创产业才能够在激烈的市场竞争中立于不败之地。

（三）文化创意产品设计的独特性

一个具有独特性的文化创意产品，应同时具备审美、功能、内涵三个特点，且缺一不可。对一个旅游地或景区而言，迎合消费是文化创意产品的基础功能，更重要的是融汇古今、沟通雅俗。具有独特性的文化创意产品，不等同于衍生品，更不是大型展览或活动的附属品，而是具有独创主题、独特审美，并且具有能够进入日常生活的功能属性的产品。文化创意产品是一种文化内核的延展，游客购买文化创意产品，更是一种文化的分享和传递。

"西湖十景"是杭州最具标志性的文旅形象之一。浙江省博物馆依托馆藏文物——清乾隆年间董诰绘制的《西湖十景》册页，设计了一系列具有独特性的文化创意产品，目前产品种类已有300多种。以其中最受欢迎的西湖十景团扇为例，精致的扇面与董诰绘制的《西湖十景》完美结合，轻摇起风，似乎还带着湖面上的荷香。

位于杭州的中国丝绸博物馆是杭州的热门旅游地，很多人从名称上可能已经猜到这家博物馆的文化创意产品与丝绸有关。丝绸质地的文化创意产品较为常见，在中国丝绸博物馆，最吸引眼球的当属"华美致远"丝巾（图1-4-12），丝巾色彩鲜明、图案华丽，其设计灵感来自馆藏的一款民国时期的黑色流苏披肩。设计师在原藏品的基础上，开发了"华美致远"丝巾，并搭配了不同的配色方案。尽管每条丝巾售价980元，但因为本身的设计和质量，仍深受市民和游客的喜爱，在2016年G20杭州峰会上，更是被指定为官方纪念礼品，是馆内最受欢迎的文化创意产品之一。

图 1-4-12 "华美致远"丝巾

同样位于杭州拱宸桥附近的中国刀剪剑博物馆、中国伞博物馆、中国扇博物馆组成了杭州工艺美术博物馆集群，是杭州的热门旅游景点之一。博物馆集群以工艺美术为主题特色，馆内珍藏了无数巧夺天工的工艺品，作品的背后是一脉相承的匠人匠心，这也成为文化创意产品独特设计灵感来源的丰沃土壤。

2020 年，第三届长三角国际文化产业博览会在上海国家会展中心举行，杭州工艺美术博物馆设计的文化创意产品亮相展区，展示了以馆藏品为设计灵感来源、时尚潮流与传统文化相结合的 8 个系列共计 130 余件文化创意产品，产品设计题材独特且多样，具有较高的审美情趣。最具特色的是真丝拱宸桥雕刻女扇，扇子在扇骨上对拱宸桥元素进行雕刻，再配以独具中国文化特色的素面真丝面料，整体感受典雅精致。扇子的选用材料和制作工艺也十分考究，扇骨选用传统的黑色竹骨，经中药浸泡，形成了独特的香味，具有提神醒脑的效果。该系列文化创意产品已开发了 12 种不同的配色，深受消费者喜爱。

良渚博物院是杭州较早提出文化创意产品概念的博物馆之一。早在 2017 年左右，良渚遗址管理区管理委员会就开始筹划文创事业。据有关媒体报道，截至 2022 年 11 月，良渚已累计打造了 13 大品类 500 余款良渚文创衍生产品。

在良渚文化中，无论玉器质地或器物造型都有着鲜明的特征，尤其是玉器表面的纹饰，除少量鸟纹和龙纹之外，大多是人面与兽面之纹样。此类纹样最令人过目不忘，是良渚文化的标志之一。

2023 年是兔年，良渚博物院推出的文化创意产品"前'兔'似锦金属吊坠书签"，就是以西周玉兔为原型的，其结合了中国传统生肖文化中寓意吉祥幸福的美好祝愿，让兔子温顺可爱、天真活泼的形象以新的方式呈现出来。

（四）文化创意产品设计的多样性

多样性是文化创意产品在竞争中脱颖而出的利器，在挖掘文化资源的同时，还要注重消费者的心理感受。一件好的文化创意产品设计，不会是冰冷的产物，而是饱含了浓厚的文化价值，并且能取得消费者视觉和心理的双重认同的产品。在文化创意产品设计中，应注重造型设计的多样性，使之与优良的品质相匹配。

1. "一体型"文化创意产品

所谓的"一体型"文化创意产品指的是一种将文创内容、产品载体、结合方式三者以一定的关系融合在一起，而形成的特定的产品形态。文创内容是"一体型"文化创意产品的核心，是产品存在的基础，而产品载体和结合方式则是展现文创内容的手段和方式。三者共同构成"一体型"文化创意产品，缺少任意一个都无法构成完整的产品。"一体型"文化创意产品中，文创内容是融入其中的心血，是其精髓所在。而产品载体则是将文创内容呈现给受众的媒介，可以是书籍、音乐、影视作品等，不同的载体形式会对文创内容的表达方式、呈现效果产生影响。同时，结合方式也是"一体型"文化创意产品的重要组成部分，它可以是产品的营销推广方式、呈现方式、互动方式等。不同的结合方式能够让受众更好地理解文创内容、产生情感共鸣。三者的融合关系具有很强的一体性，其中的组成部分是不可替代的，而且它们的相互关系是相互制约的，缺一不可。同时，这种一体性关系还体现了产品的独特性和创新性，具有较高的文化价值和商业价值。"一体型"文化创意产品在设计时主要从产品载体的特性出发，文创内容需要根据载体特性以特有方式进行融入，并与结合方式相互配合，以取得最佳呈现效果。在"一体型"文化创意产品的设计中，产品载体的特性通常是首要考虑的因素。它们决定了文创内容的表现方式和呈现效果，而文创内容则需要以特有方式与产品载体相融合。以电影为例，其表现方式以影像、音乐等为载体，文创内容就需要以视觉、听觉等方式进行表现，在此背景下产品结合方式如宣传、放映、观影体验等都需要与载体和内容相互配合，以取得良好的呈现效果。由于"一体型"文化创意产品的特殊性，文创内容和结合方式的创意成为产品不可或缺的价值核心。充满创意的文创内容能够带给受众不同寻常的感受和体验，在市场竞争中也能提高产品的独特性。同时，巧妙的结合方式能够提高用户的接受程度，提高用户黏性，甚至可以提高产品的市场影响力和商业价值。

2．"衍生型"文化创意产品

互联网思维是"衍生型"文化创意产品得以发展壮大的关键，这种思维使文化创意产品的流通方式、传播方式与再生产方式有了颠覆性的革新。当文化创意产品打破了传播媒介的限制，设计师对于叙事的理解就有了更多想象的空间，创意思维就能被充分激发。

例如，以"故宫猫"为主题的文化创意产品（图 1-4-13）设计中，设计者将皇帝与猫的形象进行重构，以国际流行的配色设计成卡通形象，进而推出以此形象为文创内容的公仔、文具、手机壳等。

图 1-4-13 "故宫猫"文化创意产品

3．"数字化"文化创意产品

数字印刷技术的发展为文化创意产品的设计创造了前所未有的近距离接触消费者的机会。全球领先的市场研究咨询公司英敏特就曾指出，2017 年是数字印刷的转折年，数字印刷不再仅仅运用于包装产品的私人定制、限量订制化，而会因其经济实惠、更新上市周期短等优势站上文化创意产品市场的舞台。①

文化创意产品在设计上紧随时代潮流，充分利用数字印刷等技术进步带来的诸多红利，更新设计理念，释放"创意＋技术"的最大市场能量，取得"1+1>2"的效果。

在 2018 年年末，腾讯与敦煌研究院联手推出了一个互动小程序——"敦煌诗巾"。用户可以根据自己的喜好选择不同的藻井图案在 H5 页面上 DIY 专属丝巾，并在小程序上直接下单购买。"敦煌诗巾"以丝巾的形式唤醒沉淀千年的文

---

① 张彰，臧国超 . 非遗文化创意产品设计 [M]. 北京：机械工业出版社，2023.

化底蕴，并在潮流单品上焕发出新的生机。"敦煌诗巾"一经推出便引发网友青睐，在朋友圈广泛传播，成为"网红级"的新年献礼（图 1-4-14）。

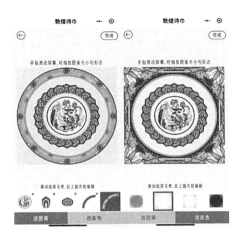

图 1-4-14　"敦煌诗巾"小程序

融合了代表艺术成就高峰的敦煌壁画也是"敦煌诗巾"风靡的重要原因。其源自敦煌石窟的灵感，融入了石窟藻井层次丰富、富丽庄严的结构及图像特点，让系列丝巾展现出与众不同的视觉效果，确保了较高的文化艺术品位。而最受欢迎的主题元素当属莫高窟第 407 窟的"三兔共耳"（图 1-4-15、图 1-4-16），它不仅寄托着中国传统文化中美好祥和的寓意，还拥有国际艺术价值，再次验证了"文化既是民族的，也是世界的"。这一主题元素也可以通过先进的数字化印刷技术在丝巾上呈现。

图 1-4-15　莫高窟"三兔共耳"壁画

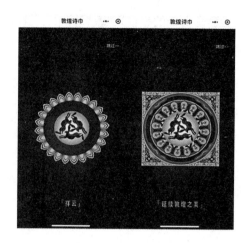

图 1-4-16 "敦煌诗巾"小程序中的"三兔共耳"

第二章 文化创意产品的设计流程

本章为文化创意产品的设计流程，一共分为三个部分：文化创意产品项目的调研、文化创意产品的受众分析与定位、文化创意产品的设计流程与管理。

第一节 文化创意产品项目的调研

一、文化创意产品项目的初始管理工作

通常情况下，文化创意产品设计是以项目形式呈现的；文化创意产品项目管理则是将文化创意设计和具体项目管理结合在一起的过程。文化创意产品项目管理是一种以项目管理学理论和相关技术为基础的管理方法，其旨在有效协调资源、时间、成本、技术和材料等要素，从而帮助企业科学合理地实现文化创意设计目标。一个文化创意产品设计团队想要获得预期成功，尤其是在资源有限的情况下，就需要拥有优秀的项目管理技能，这样才能有效地完成设计任务。文化创意产品设计师需要结合设计技巧和丰富的文化知识，融合多种元素，进而制作出具有丰富文化内涵的产品。

（一）文化创意产品项目管理的相关准备工作

一个经验丰富的设计团队或创作企业在进行准备工作时会感到更加从容。初次接触设计领域或经验不足的团队或企业，在尝试文化创意产品设计时可能会遇到一些挑战。因此，充分做好文化创意产品项目准备工作是确保企业产品在市场上获得认可的关键。

1.进行文化创意产品项目前期检查

在启动文化创意产品项目之前，企业应该进行科学的前期调研，以确定市场目标。在这之后，对调研结果进行有效检查至关重要，可以帮助企业确保项目的成功。为了避免设计方向错误、确保项目成功，企业需要秉持科学理念去评估其内部资源。

对于企业而言，在筹备文化创意产品项目时，重要的一步是审查之前的项目成功和失败的经验。同时，审查项目技术的不足之处、评估文化创意产品项目管理的能力和水准也是企业必须完成的任务。

2.编制文化创意产品的项目规划书

编制文化创意产品项目计划书是企业开展文化创意产品项目前期工作时不可或缺的一步。一个经过周密策划、以科学方法为依据的文化创意产品项目规划书在指导团队或企业方面能够发挥极其重要的作用，它可以帮助他们全面理解项目的设计理念和目标，降低项目风险，确保设计人员充分了解项目内容，有助于其做好充分的准备工作。

一个完备而合理的文化创意产品项目规划书应该涵盖目标确定、设计规划和需求明确等方面的内容。因此，确定明确的设计目标、合适的设计计划和确认设计需求对于项目规划书而言是不可或缺的。在筹备文化创意产品项目计划书时，企业一般需要对市场、技术、产品、沟通评估等方面进行调查和分析。

（二）文化创意产品项目规划管理工作

文化创意产品项目管理的核心概念，即成功管理文化创意产品项目的关键在于文化创意产品项目管理者需要精心规划项目，并有效协调各设计任务。一旦完成了文化创意产品项目的前期准备，项目管理者要全力以赴地执行项目规划措施，以确保企业预期设计目标得以实现。通常情况下，针对文化创意产品项目，企业或项目管理者需要利用阶段管理、产品设计和开发管理、成本控制、质量管理以及时间管理等方法来对文化创意产品进行计划和监督。

（三）文化创意产品项目团队管理工作

随着时代的进步，文化创意项目的复杂性不断增强，因此文化创意团队的成员需要具备多元化的技能，并且互相之间要密切合作、共同努力，确保项目取得成功。然而，在开展文化创意产品项目时，文化创意团队成员之间难免会有分歧。为了确保项目进展顺利，企业必须有效地管理文化创意团队。

为了开发文化创意产品，文化创意团队的成员需要共同思考和合作，这就需要企业在工作环境中创造一个让每个成员都能平等参与项目和得到认可的氛围。文化创意团队需要关注团队的整体表现，同时也要重视领导才能突出的团队领袖和拥有核心个人才能的成员。通常情况下，文化创意团队由5至7名成员组成较为合适，最好以8人为上限。

为了提高文化创意团队的工作效率，企业需要指定一位经理来领导和管理文化创意产品项目。文化创意产品项目经理必须具备卓越的工作能力，以及高水平的专业设计技能和出色的团队管理能力。另外，文化创意产品项目经理的职责是确定设计目标并策划项目，同时还要负责团队管理工作。

二、文化创意产品市场调查

在调查文化创意产品市场的情况时，企业需要按照一定的步骤进行，这是一种有条不紊、有系统性的商业实践方法。市场调查结果的准确性只有在企业按照规定的步骤进行操作的基础上才能得到保证。一般来说，文化创意产品市场调研包括四部分内容：第一，确定调查主题与调查目标，确定调查方向；第二，根据主题、目标和方向，制订调查计划；第三，找准市场时机，实施调查计划；第四，复盘总结，撰写调查报告。

（一）文化创意产品市场调查项目类型

由于文化创意产品的市场营销决策所涉及的内容十分广泛，企业需要进行全面的调研，单凭一次调研很难把握所有相关信息资料。因此，在开始市场调查前，企业需要确定最紧要和重要的问题，并明确调查的核心主题，然后制定必要的关键任务和目标，进而完成调查。

以主题和目的为划分标准，我们可以将文化创意产品市场调查分为探索型、描述型和因果关系型三个类别。

1. 文化创意产品的探索性调查

探索性调查通常在主题模糊或不明朗的情境中发挥作用。运用该方法时，企业通常需要协助确定主题的方向、内容和调查范围，并进行数据搜集和调查。举例而言，一家公司最近发现文化创意产品在过去一个季度的销量急剧下降，这可能是竞争对手推出新产品、受众口味有所改变或产品质量出现问题等诸多因素所导致的局面。在此情况下，企业应当开展探索性调查工作，以确认问题的根源，并及时了解市场动向，以便主动采取行动。

2. 文化创意产品的描述性调查

描述性调查是一种十分常用的调查方式，一般应用于调查文化创意市场营销策略的不足之处以及出现问题的原因。描述性调查的主要目标是收集信息，并利用客观数据展开静态描述。文化创意企业需要通过审查和评估近些年备受市场欢迎的文化创意产品来更精确地预测未来市场对文化创意产品的需求，从而调整短期市场营销策略。在重新规划市场营销策略时，文化创意企业需要根据当下的状况来推测未来的趋势。为了更深入地了解某一地区居民的消费习惯、产品偏好、市场竞争情况和普及程度，文化创意企业需要开展地区居民收支调查，同时也需要深入了解当地的生产情况。

3. 文化创意产品的因果关系调查

因果关系调查旨在分析市场营销活动中不同因素之间的关系，以及市场中一些现象存在的原因。在营销活动中，有许多因素是可控制的变量，如产品成本、人员、产量和价格等。这些因素可以由企业自行决策和调整，以达成市场营销的目标。企业可以通过调查、数据分析和实验等方法，确定和优化这些可控制的因素，以提高市场竞争力和效益。然而，市场中的一些因素受到其他因素的影响较大，如销售数据、产品反馈和企业利润等。这些因素可能是由多个因素共同作用或相互影响造成的。因此，对于这些因素，需要进行因果关系调查，以确定它们与其他因素之间的关系和影响程度。因果关系调查可以帮助企业理清因果关系链，了解各个因素之间的相互作用，从而能够更有效地解释市场现象和制定营销策略。通过定量分析、回归分析等方法，可以量化各个因素对市场结果的影响，并找到主要的影响因素，以便企业有针对性地进行改进和调整。

（二）文化创意产品市场调查资料来源与调查方式

在确定文化创意产品市场调查的目标和调查的主题之后，市场营销调查人员就要及时制定调查计划。市场营销调查人员在制定文化创意产品市场调查计划时要包括调查对象、调查方法等内容。

1. 文化创意产品市场调查资料的来源类别

文化创意产品市场调查计划必须考虑资料来源的选择。调查资料按其来源分类，可分为第一手资料和第二手资料。

第一手资料是指通过市场调查等直接获取的原始资料。与第二手资料相比，第一手资料具有更高的可靠性和准确性。因为采集第一手资料需要人力、物力等成本投入，所以它相对于第二手资料的成本更高。但是，获取第一手资料可以让我们直接从目标受众的角度出发，收集到更客观的数据资料。通过对这些数据和资料的分析和整理，有助于更好地了解消费者的需求和行为方式，提高产品销售的成功率。第一手资料的来源通常是实际调查和深度沟通等。

第二手资料是指尚未经过市场研究和利用的现有数据。一般来说，在开展文化创意产品市场调查之前，企业需要先对第二手资料进行研究，然后再进行实地调查。不过，虽然第二手资料的收集更经济实惠，但在文化创意产品市场调研中，第一手资料往往是首选的。比如，在市场调研过程中，博物馆文化创意相关行业重点关注、整理博物馆文化创意产品所使用的文物、典籍和历史等相关资源；旅游文化创意相关企业的市场调查主要集中于旅游景区内涵文化、特色景点、传统习俗等方面的资料整理。

2. 文化创意产品市场调查方式的确定

根据文化创意产品市场调查对象的范围大小，市场调查的方式可以分为普遍调查和抽样调查两大类。

普遍调查能够提供较为全面的统计数据，尤其在政府机构需要了解某些特定项目或全面情况时，普遍调查是一种有效的手段。然而，在文化创意产品市场调查中，普遍调查的使用相对较少，这是因为普遍调查需要大量的资金支持；同时，普遍调查还需要一定的时间来编制问卷、开展调查、分析数据等，这需要大量的人力和时间资源。

抽样调查是文化创意产品市场调查中常用的一种方法，指的是在调查总体中随机抽取若干个体进行调查，通过对这些样本的调查和统计分析，来推断总体的情况。其优点是可以尽可能地减少调查成本和节约时间，同时又可以保证结果的可靠性和有效性。

大多数情况下，企业在进行抽样调查时会选择随机抽样和非随机抽样这两种主要方式。前者指的是在群体中随机选取样本进行调查，以确保结果的客观性；后者指的是调查人员以个人喜好或主观看法为基础选择样本进行调查，这种调查方式很可能导致调查结果的误差较大，但对于经验丰富的调查员来说，非随机抽样调查也是有其特定意义的。

（三）文化创意产品市场调查计划的具体实施步骤

实施文化创意产品市场调查计划包括两个步骤：文化创意产品市场调查数据信息的收集和文化创意产品市场调查数据资料的加工处理和分析。

1. 进行文化创意产品市场数据信息的收集

文化创意团队的负责人应该定期进行市场调查，以随时获取市场的前沿动向，从而获得准确的市场信息。举例而言，若使用观察法进行调查，企业领导者则需要及时给调查人员提示，让他们专心观察细节，以确保整个调查过程不会错过任何关键信息；若使用询问法进行调查，企业领导者则必须确保调查者始终站在中立立场，切忌以引导的方式影响被调查者，从而导致其提供不准确或不客观的答案。

2. 进行文化创意产品市场数据信息的加工与分析

市场调查完成后，企业需要以科学、客观、精确的方法对所获数据进行分析处理。具体而言，数据处理工作涵盖对调查数据进行分类、概括和汇总等细分工作。在处理数据时，调查人员一定要确保数据的精确性。

通过运用先进的统计学技术和构建决策数学模型，并结合实际经验进行分析和评估，企业能够确保调查研究足够精确、足够科学合理。

（四）文化创意产品市场调查报告的撰写

文化创意产品市场调查结束后，调查人员需要整理和分析他们收集到的数据，并通过这些数据得出调查结论。最终，他们将针对文化创意产品市场，总结归纳调查结果，撰写调查报告。基于市场调查报告，企业可以更彻底地了解文化创意产品市场的状况，进而为制定相应的市场营销计划和策略提供基础。调查报告对文化创意产品设计师、市场营销人员和项目决策者而言至关重要，其价值是非常宝贵的。

第二节　文化创意产品的受众分析与定位

一、文化创意产品的受众分析

（一）文化创意产品受众行为分析的主要内容

从心理学的角度去分析受众的心理、动机、态度以及喜好等，这能够帮助企业快速了解消费者的购买心理和购买动机。

从社会角度研究分析社会阶层、家庭结构、相关群体等对消费者行为的影响。

从传播学角度研究分析消费者如何收集产品信息、收集信息的渠道以及他们对产品宣传的反应等。

从经济学角度研究分析消费者的经济状况如何影响其产品选择、费用开支以及如何做出购买决策以获得最大的满足。

（二）文化创意产品市场分析

文化创意产品市场也被称作文化受众最终市场，因为它是面向最终消费者的市场，该市场中的消费者对文化创意产品表现出浓厚的兴趣和关注。在这个市场中，消费者可能更注重产品的艺术、创意和文化内涵，而非仅仅追求产品的经济价值。这些消费者希望通过购买文化创意产品来丰富自己的文化体验、展示自己的文化品位。文化创意产品受众的特点决定了受众市场的特征。

第一，市场需求弹性较大。文化创意产品市场的产品种类繁多，常针对受众进行分层分析。

第二，专家购买。文化创意产品通常针对拥有一定文化认知的消费者，这些消费者更注重自身情感和印象，因此在购买时对于文化创意宣传、情景空间和服务等方面更为敏感。文化创意产品通常通过设计、制造和包装等多种手段展现文化内涵和价值，以吸引消费者的注意力。在购买时，消费者不仅会关注产品的实际功能，还会考虑自身对文化创意的认知和情感上的需求。因此，文化创意产品的宣传、营销等方面也需要与文化内涵相一致，以引起消费者的兴趣和共鸣，并以此为基础建立消费者与品牌之间的情感联系。营造吸引人的情景空间、提供贴心的服务，也可以促进消费者形成对品牌的认知和好感度，从而影响消费者的购买决策。

（三）影响文化创意产品受众购买行为的因素

1. 影响受众购买行为的心理因素

一些西方的心理学家针对不同的人群提出了不同的人类动机理论，这些理论对于市场营销的策略和受众行为的分析有一定的参考价值。而在这些理论中，人本主义哲学家马斯洛将人类的需求根据重要程度分为五个层次：生理需求、安全需求、社交需求、尊重需求和自我实现需求。在文化创意产品设计中，人们的需求和欲望不仅局限于基本的生理需求和安全需求等低层次的需求，而且有更高层次的需求，这些更高层次的需求可以通过文化创意产品来满足。因此，文化创意产业的发展具有较高的人文价值，它不仅能够带来经济利益，还能够满足人们更高层次的需求、激发人类的创造力和想象力、促进文化和艺术的繁荣、引领社会的进步和发展。

2. 影响受众购买行为的文化因素

对受众的购买行为和购买需求影响最大的是文化，文化是人类在政治、经济发展过程中所有的精神活动和精神产品。文化是人类社会中的重要组成部分，对人们的行为、价值观和思想观念都有深远影响。无论是在家庭、教育机构还是社会各个领域，人们都会受到涵养、学习和接受特定文化传统的影响。文化不仅塑造了人们的行为习惯和行为方式，还在潜移默化中影响着人们的思想观念和态度。文化可以通过价值体系、信仰、道德准则等方面对个体的行为和思维方式施加影响。由于每个人在不同的文化背景中成长和生活，因此对于特定文化的习俗、价值观念和行为准则也会有所差异。这种文化差异导致了不同人群有不同的行为习惯、偏好和思考方式。文化因素主要包括的内容有以下两种。

一是亚文化。每一种文化之中都会有某些大型或小型的亚文化群体，这些群体中的成员都拥有着特定的认同感，并通过亚文化的社会影响力联系在一起，因此每个群体中的成员都具备特定的价值观、生活习惯以及行为准则。亚文化群体主要包括民族群体、宗教群体、种族群体和地理区域群体。

二是社会阶层。社会阶层指的是社会中不同群体按照其在经济、权力和社会地位等方面的差异划分的不同层次或等级。每个社会阶层都有一定的同质性和持久性，其成员具有相似的兴趣、价值观和行为方式。社会阶层通常以收入、职业、教育水平、社会地位等为基础进行划分。尽管社会阶层有一定的固化性，但个人有能力改变自己的社会阶层位置。个人可以通过教育水平的提升、职业发展、创业机会等途径转换阶层。这种社会流动性是社会发展和个人奋斗的一部分，并在一定程度上提供了机会平等的可能。

3. 影响受众购买行为的社会因素

除了文化因素，社会因素也是影响受众消费行为的重要因素之一。社会因素包括个体的家庭、社会角色和地位。这些因素可以对个体的消费行为产生深远的影响。

家庭对于受众的购买行为会产生非常大的影响。由于家庭会直接影响到每个人的行为准则、思想、价值观以及其对世界的认识，因此家庭是重要的影响因素。

社会角色是指一个人在不同场合中的身份。人在不同群体中的位置可用角色和地位来确定，这些都会影响个人的购买行为。

二、文化创意产品的定位分析

（一）文化创意产品使用人群定位分析

文化创意产品的使用人群是在文化创意产品设计过程中需要解决的第一个问题。设计师设计出的这个产品由谁来使用？消费者的年龄、性别、收入状况等需要十分明确。确定文化创意产品的消费人群对于文化创意产品的设计而言至关重要。企业所进行的所有的营销活动，都是针对目标受众的，如果目标受众出现偏差就会出现产品利润无法达到预期的情况。例如，在日本经济学家提出的"猫咪经济学"里，以"猫"为代表的周边往往备受青睐。猫爪杯是星巴克推出的系列产品，随着猫爪杯的意外爆红，原价199元的猫爪杯涨到了1000多元。星巴克借"猫奴"文化抓住了"社畜"青年的心。

（二）文化创意产品价格定位分析

随着市场竞争日益激烈，消费者在购物时通常会更注重性价比，希望能够获得物超所值的产品。然而，受情感因素的影响，目前文化创意产品的价格普遍高于普通产品，因此企业在文化创意产品定价时需要谨慎权衡。价格定位是指企业根据产品的特性，将产品价格设定在特定范围内的过程。企业不能简单地将商品价格分为高档与低档，而应该根据市场研究的结果进行全面评估。

（三）文化创意产品功能定位分析

文化创意产品的功能设计必须考虑实际市场需求，因为产品的实际用途对于其受欢迎程度至关重要，企业不应该仅仅在理论层面构想。比如，消费者购买雨伞时，一部分消费者注重雨伞的时尚外观，另一部分消费者则在意雨伞的防晒性能，还有一部分消费者关注雨伞的实用功能。社会存在许多不同的消费群体，企业应根据消费者的特殊需求和个性要求制定相应的营销策略，以满足他们的个性化需求。

（四）文化创意产品质量定位分析

文化创意产品质量定位也被称为产品的品质定位，这种定位方式重视的是产品良好的质量，是根据产品的品质对其进行定位的。因此，企业在制作文化创意产品时应该追求产品质量的高标准，要让产品被消费者长期使用。但是有些产品属于"快消品"（快速消费品），企业在设计这类产品时则主要能够满足消费者的日常使用需求即可。由于仿冒品、劣质产品较多，文化创意产品的质量问题是目前比较突出的问题。

第三节　文化创意产品的设计流程与管理

一、文化创意产品的设计流程

文化创意产品以市场需要为前提进行产品开发立项，并根据设计和开发方案有计划地进行设计工作，确保开发进度、开发成本、开发质量能达到设计任务要求。

（一）项目确立与制订项目工作计划

1.项目确立

文化创意设计项目有多种多样的项目形式，总体上可以分为以下几种：创新型设计、改良型设计、概念型设计。无论是哪种设计项目，当文化创意设计团队或设计师接到项目时都需要确立项目，同时签订项目合同，并且与发布项目的机构确定项目的完成时间以及最终需要完成的结果等内容。

2. 制订项目工作计划

文化创意产品的设计过程实际上就是解决设计问题的过程，即对文化创意产品设计过程中遇到的问题提出解决的方案，并且对已经有的文化创意产品进行分析，最终得到一个对产品进行改良或者是重新创造的方案。在文化创意产品设计的开始阶段就需要制订一个详细的工作计划，要明确每个时间点的工作内容和工作结果，将整个设计过程的时间安排、内容进度以及制作过程制成一张详细的计划表。

（二）市场调查与客户沟通

1. 市场调查

文化创意产品的设计需要以市场调查的结果为基础进行，市场调查也是每个设计师都应该做的准备工作。市场调查的内容包括设计背景调查、文化分析调查、竞争品牌调查、消费者调查。在调查人员进行调查并获得调查结果之后，企业需要开展项目的讨论会议，对具体的设计准备工作和设计工作进行安排。每一个文化创意产品都会涉及受众需求、文化内容、材料成本、人工成本、审美取向、操作技术等一系列因素。设计团队或设计师需要对受众需求、文化内容、市场反馈、已有产品进行整理和分析，从而明确现阶段市场上受众的真正需求，最终设计出优秀的产品。

2. 客户沟通

沟通通常指的是人与人之间相互分享信息的过程。沟通还有一种定义是通过人与人之间相互分享信息从而对对方的思想、决策、行为产生影响，在沟通的过程中，信息就是这个系统的需求。因此，想要获取需求就要进行沟通，从而将系统需求的概念搭建出来，并且将系统需求的定义和理解进行统一，也就是系统应该做什么，不应该做什么。沟通的目的就是将信息传递给接收者，其可以通过听、说、写等方式进行。因此，客户沟通是文化创意产品设计流程中十分重要的一个环节。

（三）设计思维导图与设计方向分析

思维导图是一种通过运用图片和文字，将不同的主题之间以图形的形式连接起来的方法。思维导图的关键在于将主题关键词与图像、颜色等元素相结合，以建立强大的记忆连接。通过与视觉元素的结合，思维导图能够更加直观地展现主题之间的关系，帮助记忆和理解。思维导图是一种可以同时利用左脑和右脑机能的工具，能够协助人们在科学与艺术、逻辑与想象之间平衡发展，从而激发人类大脑的无限潜能。在思维导图中，通过运用图像、颜色等可视化元素，可以激发右脑的想象力和创意能力。同时，思维导图要求制图者按照一定的逻辑关系组织信息，这可以刺激左脑的分析能力、逻辑思考能力和记忆能力。因此，思维导图促进了左右脑的协同作用，成为一个有效提高智力和思维能力的工具。

思维导图能够将设计师的思维在文化创意产品设计的过程中形象地展示出来。无论是设计师的一种感觉、一种设计思想，还是与文化相关的一个数字、一种颜色、一行文字、一种食物、一段节奏等，都能够成为一个设计思想的中心，并以此中心为基础衍生出无数个节点。每一个节点都能够与中心思想相连接，而每一个节点又能够成为另一个中心继续延伸出更多的节点，最终通过一个中心节点呈现出放射状的立体结构。

1. 思维导图的设计规则

设计规则是在设计过程中要遵循的原则和指导方针，它们基于对人类感知、认知和反应的了解。设计规则并非要限制人们的思考，而是为了更好地与人们的大脑运作方式相匹配，帮助人们更快速地提高学习能力、记忆力和创造力。设计思维导图应遵循如下规则。

第一，在纸的正中央用一个彩色图形或符号开始画思维导图。

第二，把写有主题的连线与中央图形连在一起。

第三，把线与线相连。

第四，用标准汉字。

第五，将标准汉字写在线条上。

第六，每条线上只能有一个关键词。

第七，在整个思维导图中都要使用色彩。

第八，在整个思维导图中都要使用图形。

第九，在整个思维导图中都要使用代码和符号。

2. 思维导图的绘制步骤

（1）选择素材

思维导图绘制素材是空白打印纸或其他白纸，可以用大一些的纸，如 A3 大小的纸就能提供足够的空间来记录各种细节。为了便于携带，可以找一个合适的文件夹来收纳这些纸张。

（2）确定绘制形式

思维导图的分支通常采用放射式的层级结构，其中核心主题或最重要的内容位于中心，而其他相关主题则逐渐往外扩展。这种结构使得思维导图更具可视性和层次感，同时也符合人们对信息的处理方式。在绘制思维导图时，常常从时钟钟面的两点钟位置开始，然后按照顺时针的方向画出各个分支，这样可以更好地整理和展示相关的信息和思路。同样，当阅读思维导图时，也可以从中心开始，按照顺时针方向逐渐扩展阅读，以便更好地理解和获取信息。思维导图的分支结构和阅读方式是其设计思想的一部分，有助于人们更好地组织和理解信息。

（3）确定关键词

关键词在思维导图中起到非常重要的作用。它们通常是名词，占据词汇总量的 5% 到 10%，用来代表主题或概念。相比于传统的线性笔记，思维导图会使用更多的关键词来表达思想，这使得记忆和阅读都更加高效。关键词通常使用正楷字书写，以便阅读时能够清晰辨识。人们通过图像化的想象来辅助记忆，可以更好地在大脑中形成印象。在绘制思维导图时，每个关键词或短语都可以单独放在一条线上，这样可以引发更多的联想。字体的变化可以根据需要进行调整，从而使得阅读过程具有一定的视觉节奏，同时也有助于理解和记忆。总之，关键词在思维导图中起到了桥梁和纽带的作用，可以帮助人们更好地组织、表示和理解信息。

（4）进行连线

在思维导图中，连线的衔接是非常重要的，它们起到连接和关联不同主题或概念的作用。为了保证连线的衔接性，我们可以将连线的长度与关键词或图形的长度保持一致，这样可以使得每条连线与前一条连线的末端衔接起来，形成一个连续的流程。同时，连线应该从中心向外扩散，以展示主题和子主题之间的层次关系。如果连线之间不衔接，就会导致思维在回忆的时候出现"断层"，从而影响记忆和理解的连贯性。思维导图的连线可以帮助人们更好地理解和记忆信息之间的联系，以及信息的流向和层次结构。通过衔接良好的连线，我们能够更容易地回顾思维导图，并在回忆时更好地还原整个思维的脉络和逻辑。

（5）增加颜色

色彩在思维导图绘制中起着重要的作用。使用色彩工具来标注关键词和绘制线条，能够为思维导图增添活力和吸引力。色彩的鲜艳和对比能够吸引注意力，帮助人们更好地理解和记忆信息。不同的颜色可以代表不同的概念或关联，使思维导图更加清晰和易于理解。此外，使用色彩工具还能够激发创造力和想象力，帮助思维更加活跃和灵活。因此，在思维导图的绘制过程中，运用色彩工具来进行标注和装饰，可以为信息的整理和记忆提供更多可能性和乐趣。

（6）增加箭头和符号

思维导图是一种有效的信息组织和展示工具，可以帮助人们更好地理解和思考事物之间的内在关联。通过思维导图，人们可以将复杂的信息结构化、可视化，并通过关联和连接不同的思维节点来帮助理解和记忆。相比于传统的线性笔记方式，思维导图更符合人类大脑的思维方式，能够更好地引发联想。当一个词或主题在不同分支中反复出现时，它会在人们的记忆中形成更深的印象，帮助人们更好地理解和记忆相关的知识和信息。当人们发现一个词出现在不同的分支上时，可以用一个箭头连接它们，这样记忆也随之连接了。

（四）文化创意产品的设计构思与设计表现

1. 文化创意产品的设计构思

在文化创意产品的设计过程中，设计构思阶段是指规划、构想、建立设计方案的过程。设计师通过构思，将抽象的想法转化为具体的设计方案，并利用图纸、模型等工具使其更加可视化和具象化。设计构思是设计过程中非常重要的一步，它为设计师提供了思考和探索的空间，使得他们能够在多个可能性之间进行选择和决策。通过设计构思，设计师能够更好地理解和明确自己的设计目标，并为最终的设计实现奠定基础。设计师应该充分发挥创造性思维，可以天马行空、无限畅想，想法越多解决方案越多。设计构思的过程往往是把较模糊的、不具体的形象加以明确和具体的过程。为保持思维的连贯性，设计师应及时把设计构思的内容展现在草图上。

设计构思是设计过程中非常重要的一环，它关系到整个设计作品的质量。一个好的设计构思不仅可以让设计师更有目的性地进行设计，还可以提高设计效率，使得设计作品更具有独特性和竞争力。此外，设计构思的研究也可以帮助设计师更好地理解用户需求和市场需求，从而更好地满足用户和市场的需求。因此，提高设计构思能力是培养设计人才的重要一环，也是设计教育的重要目标之一。

2. 文化创意产品的设计表现

设计表现分为设计草图、设计效果图两种。设计草图是设计初始阶段的设计雏形。在设计灵感闪现时，设计师利用草图迅速捕捉和记录设计灵感，草图中的设计形象往往不具体、不完整，但可继续启发设计师产生其他的设计想法。设计效果图在设计草图的基础上进一步深化，从形态、功能、色彩、材质、工艺、结构等方面进行仿真体现，以求展现出较为现实的产品效果。设计效果图作为一个可视化的工具，对于客户来说是非常有帮助的。它能够提供直观的信息和参考，帮助客户更好地了解和决策，并有助于设计师和客户之间的有效沟通。

根据符号学理论，文化创意产品的设计效果图作为一种符号，必然就具有符号学的一些特征。对于从事文化创意产品设计的设计师来讲，设计效果图是为了让客户能理解其设计思路，能记录自己的思维过程，能够和团队成员进行沟通合作，它是设计师与客户之间的"代表"或者说是媒介。

（五）文化创意产品的样品制作

文化创意产品样品制作需要设计师综合考虑产品的成本、工艺、材料等要求，选择合适的两家或两家以上供应商，根据设计要求及产品呈现要求安排打样。设计师要随时跟进供应商，以确保样品正确呈现和高效完成。在样品制作完成后，经审批最终确定样品以及详尽的产品信息等内容，之后批量生产。

材质在文化创意产品设计中占据着重要的地位，设计师必须熟悉文化创意产品所需要用到的材料的属性和作用，并选用最合适的材料。在选用材料时，设计师要考虑产品在功能、工艺、经济性、环保性等方面的要求。文化创意产品材料的选用要遵循功能性原则、工艺性原则、经济性原则和环保性原则等。

（六）文化创意产品的包装设计

文化创意产品在进行市场营销活动之前必须进行包装设计，包装设计的成功与否会直接关系到该产品在市场中的销售情况。包装设计可以体现一个产品和品牌的理念，它能够将产品的特性、品牌的效应完美地呈现出来，会对消费者的购买行为产生直接影响。

（七）文化创意产品的营销策划

一个新产品在推向市场时，撰写产品营销策划书是必不可少的。文化创意产品市场消费行为实际上是一种情感运作，文化创意产品通过融入特定的地域文化背景、历史故事或社会情感，可以在购买和使用过程中诱发消费者的情愫。文化创意产品之所以有吸引力和价值，是因为其背后蕴含的故事和情感元素。这些元素可以是地域文化的独特性、历史的记忆、人文情感的表达等，通过这些元素的诱发，消费者能够对产品产生情感认同和共鸣，从而提高其价值和吸引力。因此，文化创意产品的设计和营销策略应该注重挖掘和表达这些诱发情愫的元素，以打动消费者的心，并与消费者建立更为深入的情感连接。

如果文化创意产品在外观上没有较为明显的特征，那么企业可以在产品的包装上努力。这里的包装是指文化创意产品的营销包装，如参与公益活动、特色活动等事件的加持，这就需要研究消费者的心理活动、购买行为以及购买决策等，接下来将分析消费者方面的因素。

1. 文化创意产品的心理价值比较

在购买文化创意产品时，文化创意产品的品牌价值、历史底蕴通常是消费者在购买决策过程中重要的考虑因素，消费者都会进行综合的价值比较。也就是说，如果产品不具备品牌价值，没有衍生故事，没有设计理念和价值观等的清楚传达，就无法激发消费者的购买欲望，而如果产品品牌深度不够，就成了可买可不买的产品。购买文化创意产品是一种心理层面的消费行为，如果产品无法在这方面创造价值，在市场上就几乎没有竞争力。

2. 文化创意产品的口碑营销

随着互联网时代的到来，口碑营销变得更加重要，因为消费者更加注重产品的使用感受和口碑评价，尤其是在面对消费场景和品牌选择时，口碑对消费者的影响越来越大。文化创意产品的消费本质是获取心理价值，而不仅是物质价值，因此口碑在文化创意产品营销中至关重要。一个好的口碑能够增强消费者的信心和认同感，激发购买意愿，促进文化创意产品的销售和传播。随着口碑的不断变好和产品影响力的提高，消费者对文化创意产品的认知水平和评价也会越来越高，从而促进市场规模的扩大和市场竞争的加剧。

3. 文化创意产品的思想认同

当前有一种追求时尚的新消费趋势正蔓延开来，其动机不在于民生需求，也不在于物质享受，而在于思想认同。文化创意产品在这方面发挥了一定作用。

（八）文化创意产品的市场反馈与再设计

在文化创意产品投入目标市场后，根据市场的信息反馈，企业需要对重大问题组织召开专题讨论会，组织人员落实产品的改进与升级工作，对产品进行进一步设计与优化，并且要妥善、及时、有效地处理消费者的反馈意见，不断提高产品质量，提高消费者满意度和产品竞争力。

二、文化创意产品设计流程管理

文化创意产品的设计已不再是几个设计师单独完成的事情，而是产品定位、工程设计、材料选择、模具打样、市场管理等各方面的相互配合、各领域的对接以及彼此互动。严格、高效的文化创意产品设计流程管理可以给企业带来巨大的收益，其中包括提高产品质量、改善客户服务、缩减时滞、减少成本、减少纸面作业、压缩管理层、提高应变能力、提高员工士气等。清晰的管理流程包括制订和执行设计开发计划、制订和执行项目成本和质量控制计划，明确项目范围和目标，确立项目的时间和资源管理等具体事项。文化创意产品设计流程管理可以确保项目按照既定时间表和技术路线进行，避免无效的设计和重复的工作，提高设计效率。

第三章 新媒体视角下的文化创意产品设计

本章为新媒体视角下的文化创意产品设计，一共分为三部分：新媒体的概念、新媒体背景下文化创意产品的传播媒介、新媒体背景下文化创意产品应用与传播。

第一节 新媒体的概念

"新媒体"是一个非常具有争议性的概念，因为它是一个相对而言的时间性和历史性的概念。在不同的历史时期和背景下，新媒体的定义和范围也有所不同。但是，无论如何定义新媒体，它都是基于新的技术、新的传播方式和新的媒介形态的一种媒体形式。

新媒体随着技术的发展而不断演变。从最早的口口相传、结绳记事到文字的诞生、印刷术的发明，从书籍的广泛普及再到近代新闻报业的崛起、广播电视等电子媒体的壮大，直至当前以数字和网络等技术为支撑的一系列新媒体的兴盛，媒介形态始终处于一个不断发展、演化的过程之中。因此所谓"新媒体"，只是在与"旧媒体"的对照中所产生的时间性、历史性概念。例如，广播、电视相对于印刷媒体是"新媒体"，但相对于网络媒体便是"旧媒体"了。新媒体的外延在不断被拓展。随着技术的不断发展和创新，新媒体的形态和传播方式也在不断变化。如今，新媒体已经渗透入人们生活的方方面面，如社交媒体、移动应用、虚拟现实等。这些新媒体形态不仅改变了人们获取信息的方式，还改变了人们的社交方式和娱乐方式。同时，新媒体的发展也催生了许多新的行业和职业，如自媒体运营、社交媒体运营等。此外，新媒体的崛起也对传统媒体产生了巨大的冲击。传统媒体在信息传播的速度、范围和方式上已经无法与新媒体相提并论。新媒体的互动性和个性化也让人们更加倾向于选择新媒体来获取信息和娱乐。但是，传统媒体也有其独特的优势和价值，如专业性和可信度等。因此，传统媒体和新媒体应该相互借鉴、融合发展，以更好地满足人们的需求。新媒体的发展也带来了一些挑战和问题。随着新媒体的普及和影响力的扩大，信息传播的监管难度也在不断增加。虚假新闻、网络暴力、隐私泄露等问题时有发生。因此，对于新媒体的发展和管理也需要加强监管和规范。

"新媒体"是一个物质性概念。在数字化时代，电视机、收音机、计算机、手机和智能音箱等各类媒介终端可被称作"媒介物"，而其承载的信息内容、媒体软件或信息服务方式则可视为"数码物"。对广播、电视等传统媒体而言，其媒介物和数码物在名称的使用上一般是相同的，即广播、电视既能指代媒介终端，又能指代媒介内容（如看电视、听广播）。因而，我们往往会忽视对传统媒体的物质性探讨。但由于新媒体终端和服务的扩充，新媒体的物质性则要复杂一些。首先，出现了媒介物与数码物并非完全对应的情况。例如，作为新媒体的媒介物可能承载多种数码物，如智能手机包含了各种软件、程序、网页、算法等；一种数码物也可能存在多种新媒体的媒介物之中，如可以在计算机、智能手机甚至是智能电视、智能可穿戴设备上使用微信。其次，媒介物和数码物的类型都在快速增长，媒介物和数码物的分离、组合促进了新媒体形态的丰富。一种情况是新的媒介物作为新媒体被凸显，如智能手机、智能可穿戴设备、智能音箱；另一种情况是数码物作为新媒体形态也在增多，如新闻客户端、搜索引擎、微博和智能音频。最后，不同媒体形态之间不再是完全区隔的状态，除了功能的可连接性，我们还可以从物质性视角将一定范围的新媒体划分层级，如"智能手机—微信—腾讯新闻小程序—主流媒体及自媒体账号"，这种划分不仅实现了媒介物和数码物的连接，而且使我们能更加直观探究纷繁多样却处于较低层级的新媒体形态。总之，新媒体是物质性的，不论是智能电视、智能手机、智能可穿戴设备等媒介物，还是微博、微信小程序等数码物，都是新媒体形态的一员。

"新媒体"不仅是一个时间性和历史性的概念，还是一个技术性的概念。从技术上讲，新媒体是基于数字技术、网络技术、移动通信技术、智能技术等基础技术或新兴科技而产生的。这些技术的迅猛发展，使新媒体在形态、功能和传播方式上与传统媒体有着本质的区别。新媒体的种类在"万物皆媒"的条件下仍在急剧扩充。其中包括了全新的媒体形式，比如社交媒体、移动应用、网络直播等；同时也包括了新的媒体硬件、新的媒体软件和新的信息服务方式，如智能手机、智能可穿戴设备等。这些新媒体形态的出现，极大地丰富了人们获取和传递信息的方式。从传播学视角看，新媒体可以分为新兴媒体和传统媒体的数字化形态两类。新兴媒体是新媒体的典型形态，以桌面互联网媒体、移动互联网媒体、智能媒体、互动电视媒体为代表。它们依托全新的传播技术，以改变传播形态为主要诉求，强调体验和互动，内容生产日趋分散化和个性化。比如，现在的微博、微信等社交媒体平台，允许每个人成为信息的生产者和传播者，实现了信息的去中心化传播。另外，传统媒体的数字化形态则是将传统媒体的内容用数字技术进行处理和传播，如电子报纸、电子杂志、网络电视等。这些媒体形态虽然采用了新的技术，但在内容生产和传播方式上仍保留了传统媒体的特点。总的来说，新媒体是一个不断发展的概念，它的形态和功能随着技术的进步而不断变化和拓展。新媒体的发展不仅改变了人们的生活方式，也对信息传播和社会文化产生了深远的影响。

新媒体的另一大类是新型媒体，它是在传统媒体基础上依托新技术衍生而来的。尽管新型媒体的传播形态并未发生根本性的改变，但其信息质量得到了有效提升，传播范围也更加宽广，能够覆盖到以前无法触及的区域。户外彩屏是新型媒体的一种典型代表。它利用高清晰度的大屏幕，将广告、新闻、天气预报等各类信息直接展示在公共场所，如商场、车站、机场等。这种新型媒体形式不仅提供了便捷的信息服务，还具有强烈的视觉冲击力，能够吸引人们的注意力。楼宇电视也是新型媒体的一种。它将电视媒体引入楼宇内部，通过电视屏幕向楼宇内的住户或员工提供各类信息服务，如新闻、天气预报、广告等。这种新型媒体形式充分利用了楼宇内的空间资源，提高了信息传播的效率和覆盖范围。车载移动电视通过车载电视屏幕，向乘客提供新闻、天气预报、广告等各类信息服务。车载移动电视不仅丰富了乘客的旅途生活，还为广告主提供了一个新的广告平台。

第二节　新媒体背景下文化创意产品的传播媒介

一、新媒体营销传播的含义与特征

（一）新媒体营销传播的含义

新媒体营销传播，是企业以数字技术为依托进行的一种传播方式。随着科技的飞速发展，数字技术日臻成熟，从而为企业创造了一个全新的传播环境。这个环境不再受传统媒体的限制，为企业提供了具有无限可能的平台。数字技术不仅改变了信息传播的方式，还为企业解决营销传播问题提供了新的思路和方向。新媒体营销传播的核心在于企业如何运用新媒体平台进行有效的营销活动。这其中，微博和微信等新媒体平台扮演着至关重要的角色。通过这些平台，企业可以将自己的营销信息快速、准确地传递给目标受众，与他们建立紧密的联系。企业与受众之间进行互动和沟通，企业也可以更好地理解受众的需求和期望。新媒体营销传播的优势在于其广泛的覆盖面和高效的传播速度。企业可以迅速地将营销信息推向大量的人群，而且这些人群可以根据他们的兴趣和需求进行筛选和细分。这使营销活动更加精准和有效，大大提高了营销的效率。

（二）新媒体营销传播的特征

1.传播接触点的多元化与复合式

随着数字技术的飞速发展和移动互联网的崛起，传播媒介和终端越来越智能化和多元化。数字技术和移动互联网技术的结合彻底改变了信息传播的方式。如今，手机、电脑、电视以及户外显示屏等各类设备，都能通过互联网实现信息的快速、广泛传播，特别是微博、微信等多样化的复合平台，已成为企业进行营销传播的重要接触点。微博作为一个社交媒体平台，因其即时性、互动性和覆盖广的特点，成为企业进行品牌推广、活动营销的重要平台；而微信，除了社交功能，其公众号和小程序为企业提供了直接与目标用户互动的机会，可以精准推送信息，进行各种形式的营销活动。电视、户外显示屏等传统媒体也与互联网结合，实现了数字化转型，为企业提供了更多的营销传播机会。智能电视能够与观众进行互动，展示更多定制化的广告内容；户外显示屏则可以利用移动追踪技术，针对路过的潜在客户进行精准的广告推送。因此，传播接触的多元化与复合式不仅能够帮助企业在较短的时间内了解到受众的需求变化，还能够以传播目标为基础帮助企业设计高效的营销传播方案，提升企业的传播效率。

2. 传播关系的信任化与互动化

以往的营销传播都是企业在大众媒体平台上打广告，进行单向的信息传递，这种单向的信息传递是无法使企业与消费者进行互动的，企业对于消费者的需求信息不能及时地掌握。现在，企业可以依托互联网和多个新媒体平台进行信息的发布与互动，消费者可以在互联网上提出自己的需求，企业与消费者之间不再有距离感，企业能够与消费者及时进行交流与沟通，将自己设计产品的理念与文化传递给社会和消费者。

二、文化创意产品的媒介传播

（一）文化创意产业与媒介的关系

1. 电影与媒介传播

随着社会的发展，现代的物质资源越来越丰富，大众对于产品的选择需求变得越来越多元化，大众越来越追求个性化的艺术与审美，而电影恰恰符合了这个时代需求。现代科技的发展使信息技术、传播技术、自动化技术以及激光技术得到飞速的提升，也使人们将这些技术应用在各个领域中，给现代的文化活动带来了影响，文化领域迎来了至关重要的革命浪潮。电影在诞生之初就是象征着科技进步的产品，而现代的电影更是需要高科技给予支持才能够将电影的效果呈现出来。

2. 广告与媒介传播

广告产业的发展也体现了文化创意产业与媒介之间相互作用和互惠互利的关系。在广告产业中，媒介的功能正在经历一场深刻的变革。随着技术的进步和消费者行为的变化，媒介的功能呈现出组合化、人性化、高科技化的现代特征。这种变革不仅改变了广告的传播方式，还在深层次上影响了广告与消费者之间的关系。文化创意产业与媒介在广告制作过程中的结合是这种变革的一个重要体现。

传统的广告制作方式正在被打破，取而代之的是更加注重创意和内容的制作方式。品牌与消费者之间的沟通也要通过富有创意的媒介形式建立情感联系和品牌认同。

分众传媒就是一个很好的例子。江南春作为分众传媒的首席执行官，敏锐地捕捉到了人们在日常生活中被忽视的碎片时间。他发现电梯这个特定的场景正是观看广告的好时机。这种精准的定位和创新的广告形式，极大地提高了广告的传播效率，同时也满足了人们的潜在需求，其结果自然是大获成功。分众传媒在全国 40 多个城市安装了 2 万多块液晶广告牌，并且得到了许多投资商的支持，而做到这步仅仅用了两年的时间。分众传媒的营销策略正好迎合了一群庞大的、特殊的受众群体，并使该群体的成员不得不观看其设置的营销广告。分众传媒正是利用了特定群体所在的特殊环境条件才取得了商家想要的效果。在创意时代，媒介本身只是一种工具，如何巧妙地运用这个工具才是关键。企业的关注点不能仅仅停留在媒介的表面，而应该深入挖掘其内在的价值和可能性。每一种媒介都有其独特的属性和受众群体，企业只有精准地找到与品牌契合的媒介，并从中提炼出独特而新颖的内容，才能真正发挥媒介的作用。忽视媒介，或者不能从媒介中挖掘出独特而新颖的内容，将会使企业在营销传播中处于不利地位。在信息爆炸的时代，消费者对于千篇一律的广告内容早已麻木。只有那些能够触动他们内心、引发共鸣的广告才能真正吸引他们的注意力。创意是广告的灵魂，这一点在当今的广告行业中得到了广泛的认同。只有将创意与媒介紧密结合，才能创造出真正有价值的广告作品。这需要广告人深入了解消费者的需求和心理，不断探索新的创意和表现形式，将品牌信息以更加巧妙、更加富有情感的方式传递给消费者。

3. 手机报纸与媒介传播

印刷媒介是古老的媒介，统治全球几百年而不衰。但是随着现代通信技术尤其是互联网的飞速发展，人们开始担心传统报纸将逐渐消亡。手机报纸是传统报纸与移动产业相结合的产物，已经在很大程度上投入了商业运营。手机报纸的发展具有创新性的意义。传统媒体在文化内容形式、体制机制、传播手段方面的创新，将解放和发展文化生产力，实现文化的创新繁荣。

（二）文化创意产品与媒介融合的创新传播

1. 表达形式的融合

以往的那些平面、静止、单向的信息内容因为互联网技术的成熟、多媒体技术的应用开始转向立体化、跨媒体、交互的形式，也正是这种转变将图像、文字、声音等元素从以往不同的表现形式转变为统一的表现形式。文化创意产品涉及的行业越来越多，以往的那些娱乐行业也包括在内，如影视、游戏等行业。互联网还能够将受众与设计师连接在一起，使他们彼此之间相互沟通，让文化创意产品的设计师能够收到受众对于图像、文字、声音等文化创意产品内容表现的真实反馈，以此来确认受众的真实需求。

2. 创造主体的变化

互联网平台独有的平等性与自由性让每个使用网络的人都能够成为内容的创造者，而出版的效率也因为自主出版系统和按需印刷等技术的日益成熟变得越来越高。在现代社会，传媒、出版、信息技术因为数字内容的融合而相互作用，却又彼此竞争，也因此改变了"出版主体"这一个区分行业资质的传统。

三、文化创意产品的影视媒介传播

（一）影视文化创意产业的基本内涵

影视文化创意产业作为一个多元化的领域，涵盖了电影、电视、广播、网络、计算机视频以及观光旅游等多个行业。这一产业不仅自身规模庞大，还与其他多个行业如音乐、出版、服装和电子等有着紧密的联系。电影和电视行业作为影视文化创意产业的核心，为观众带来了无数经典作品，不仅丰富了人们的精神生活，还推动了相关产业链的发展。网络和计算机视频行业的兴起，使影视内容的传播更加便捷和广泛，同时也为产业的创新提供了更多的可能。观光旅游行业则将影视内容与实地体验相结合，为消费者提供了一种全新的文化体验方式。与其他行业的紧密联系使影视文化创意产业在文化创意产业中占据了举足轻重的地位。音乐可以作为影视作品的配乐，出版行业可以发行相关的书籍和杂志，服装行业则可以为影视作品提供服装。影视文化创意产业的复杂性和活跃性使它成为文化创意产业中最具挑战性和吸引力的领域。它需要不断创新和适应变化，以满足消费者日益增长的需求。

这种不断求新求变的精神使影视文化创意产业始终保持着勃勃生机。

影视文化创意产业中最关键的就是创意。影视文化创意的重点在于对创意的表达过程，如各种风格的影视剧。表达影视文化创意的关键就是要将创作者的理想、观念、灵感、情感以及人为的表达符号整合为一个具有创造性的活动，特别是电影这种将图像、声音与文字融合在一起的综合性艺术。在影视文化创意中将各个元素融合的过程是难以用语言描绘的，这与创作者的原创能力有关。在影视文化创意产业发展的早期，创作者与导演的创意和个人化风格起着决定性的作用，但是随着影视文化创意产业发展的成熟，影视文化创意产业的生产方式发生了巨大的改变，开始由个人生产转变为集体生产。

（二）影视文化创意产品的特点

当前，中国影视文化创意产业发展正经历着种种挑战，但也面临着种种机遇，包括来自体制层面、产业层面、社会层面等方面的机遇，党和国家下大力气提升国家文化软实力就是机遇之一。发展影视文化创意产业，一方面是国家文化软实力提高的必由之路；另一方面是推动我国文化创意产业大发展、大繁荣的必然要求。

"软实力"的概念是由美国哈佛大学教授约瑟夫·奈提出来的。文化软实力在现代社会中至关重要，它不仅是社会发展的精神动力、思想保证与智力基础，还是民族凝聚力和创造力的基石。提升文化软实力是增强国际竞争力的关键。对中国而言，提升文化软实力更是实现中华民族伟大复兴的必经之路。近年来，中国的文化软实力建设取得了显著进步。这主要表现在以下几个方面。

第一，文化体制改革取得了长足的进步。政府在推动文化产业发展、优化文化市场环境等方面做出了积极的努力，为文化产业的发展提供了有力的制度保障。

第二，文化产业迅速发展。电影、电视、出版、音乐等文化产业在国民经济中的比重逐年上升，成为经济增长的重要支柱。

第三，传统文化得到了发扬。中国政府致力于保护和传承传统文化，通过各种方式弘扬中华优秀传统文化，使其在全球范围内产生了广泛的影响。

第四，对外文化传播成效显著。中国的文化产品和服务在国际市场上越来越受欢迎，许多优秀作品在国际舞台上获得了认可和赞誉。

第五，区域文化软实力显著增强。各地结合自身文化特色，打造具有地方特色的文化产业，提升了区域文化软实力。

影视文化创意属于文化创意的一部分，这体现在这种创意生产的是影视文化创意产品，传播了一定的社会文化价值，会对整个社会的精神文化状况产生影响，因此，影视文化创意产品属于文化创意产品的范畴。影视文化创意在整个文化创意之中，又具有一定的特殊性。我们可以从影视文化创意与文化创意的关系探讨中来归纳影视文化创意产品的基本特点。

我们可以从影视文化创意产品的载体，即影视文化创意产品在文化创意活动中的特殊性来考察影视文化创意产品。影视这种业态，在文化创意中具有如下特点。

1. 便利的复制性

影视文化创意生产的是精神性的文化创意产品，它相较其他文化创意产品，如报纸、杂志等，更容易被复制。从复制时间的角度上讲，影视文化创意产品的复制瞬间就能完成。随着科技的发展，尤其是数字技术的应用，影视文化创意产品的复制显得更加轻松、简单、快捷，如现在广泛使用的电影数字拷贝，摆脱了以前胶片拷贝的烦琐流程，实现了在同一时间全球不同地区的同步首映。

2. 较高水平的艺术性

影视文化创意产品具有视听兼备等特征，对受众具有强烈的艺术感染力。影视文化创意产品的艺术性来自影视文化创意产品所塑造的艺术形象，其寄托了创作者真挚的情感，体现了创作者崇高的审美，蕴含了创作者对社会、生活、人生、世界的思考和体会。影视艺术作为人类较为年轻的艺术形式，除了具有一切艺术所共有的特性，还具有自己独特的个性，如独特的视听综合特性、强大的艺术整合能力。其综合性可以通过一部影视作品涵盖目前人类所有的艺术形式，如一部电影，可涉及文学、美术、音乐、摄影、建筑等多种艺术形式，是名副其实的综合性艺术。

3. 社会影响力较为广泛

影视文化创意产品是一种大众传播的文化创意产品，拥有一般文化创意产品难以企及的受众范围及消费人群，它蕴含着强烈的文化传播力量，会对社会产生广泛的影响。一部影视文化创意产品经过迅速传播，可能演变为一种文化现象，成为一个社会热点，带动一股社会潮流。

（三）影视文化创意产业的地位

关于影视文化创意产业在文化创意产业中的地位问题，我们能够从产业论方面，也就是影视文化创意产业对于整个文化创意产业的重要性方面来进行解答。整个文化创意产业可以划分为三个层面：核心层、外层和文化相关层。核心层是文化产业的核心，主要包括广播电视电影服务、新闻服务、出版和版权服务以及文化艺术服务等。这些领域均以开发文化内容为重点，为影视文化创意产业提供了源源不断的创意资源和内容支持。广播电视电影服务作为影视文化创意产业的核心，通过制作和播出高质量的影视作品，满足观众的审美需求、引领文化潮流。新闻服务提供及时、准确的信息，为文化产业的发展提供信息保障。出版和版权服务保护创作者的权益，促进文化成果的传播和推广。文化艺术服务通过举办各种艺术活动和展览，推动艺术创新和交流。外层包括网络文化服务、文化休闲娱乐服务等，这一层面主要提供文化服务。随着互联网技术的飞速发展，网络文化服务已经成为影视文化创意产业的重要组成部分。网络平台为影视作品的传播提供了便捷的渠道，使更多的人能够欣赏到优秀的影视作品。同时，网络文化服务还催生了一系列新的文化业态，如网络剧、网络综艺等，为文化产业的发展注入了新的活力。文化休闲娱乐服务可以满足人们休闲娱乐的需求，为人们提供丰富多彩的文化体验。文化相关层包括文化用品、设备以及与产品相关的生产与销售活动。这一层面以制造和营销文化创意产品为重点，是影视文化创意产业的重要支撑。文化用品和设备是制作和传播影视作品的基础条件，随着科技的进步，这些用品和设备不断更新换代，提高了影视作品的质量和制作效率。同时，与产品相关的生产与销售活动也是文化产业的重要组成部分，它们将创意转化为具有市场价值的商品，推动文化产业的发展壮大。

四、文化创意产品的博物馆媒介传播

（一）博物馆文化创意产品开发的动因

1. 博物馆自身发展的需要

现代已经进入新的历史发展阶段，在这个新的时代，博物馆面对的竞争压力日益增加，不仅是与其他博物馆之间的竞争压力，还有对经费进行争取的压力。

随着博物馆数量的增加，越来越多的博物馆选择免费开放，这使博物馆一下得到大众的关注，因此博物馆也多了一份承担社会责任的压力。但是目前大多数博物馆的运营经费并不足以解决它们遇到的问题，这些问题迫使博物馆寻找新的经济来源渠道。因此，文化创意产品的设计与创作就成为解决博物馆遇到的问题的有效方式，并成为促进博物馆创新发展的重要因素。

2. 文化创意产业发展的要求

文化创意产业发展对市场经济发展的推动作用越来越显著，各个国家对于促进文化创意产业的发展也出台了各项政策。为了推动文化创意产业的发展，许多国家对于博物馆的运营也加大了投入力度。我们发现文化创意产品的发展能够帮助博物馆文化创意产业的发展。

（二）博物馆文化创意产品开发的现状

对于文化创意产品市场而言，博物馆的文化创意产品是非常重要的。随着文化创意产业发展的逐渐深入，我国越来越重视博物馆的文化创意产品的开发与设计。随着我国的博物馆文化创意产品种类越来越丰富，大众也越来越关注博物馆的文化创意产品。据相关的统计数据显示，截至 2020 年，北京故宫博物院所开发出的文化创意产品已经达到 13098 种，并且在每年的固定时间举办展览活动，积极地听取大众的建议和想法，进而用来研发具有故宫文化特征和自主知识产权的文化创意产品，并将这些产品形成一个系列。

（三）博物馆文化创意产品开发的实现途径

博物馆文化创意产品的开发途径有以下两种：博物馆自行开发、博物馆与其他企业合作开发。

1. 博物馆自行开发

博物馆自行开发文化创意产品指的是博物馆完全自主地对文化创意产品进行研发，从最开始的挖掘资料到后来的选择项目、整理文化内涵，到最后的产品设计都是由博物馆中的专家以及设计师来进行创作的。这种开发模式是最能够将博物馆藏品的文化价值以及博物馆的理念体现出来的模式。

2. 博物馆与其他企业合作开发

博物馆与其他企业合作开发指的是博物馆与企业或其他设计团队进行合作之

后，凭借已经成功的品牌效应相互作用，给予大众和市场更强的品牌信赖感，同时还能够帮助品牌扩大目标受众群体，让企业的品牌与博物馆文化创意产品能够同时获利，并且提升自身在市场中的价值。一般情况下，博物馆在选择合作对象时会优先选择能够进行国际营销的企业或制造商。

五、文化创意产品的纸媒介传播

（一）创意设计是纸媒变革的时代要求

创意设计，简单来说，是将设计师或设计团队的规划、计划和想法，通过视觉形式进行表现的过程。在这个过程中，创意是灵魂，是设计的核心和驱动力；而设计则是目的，是将创意转化为具体、可感知的形式。纸媒要想发展，就必须进行创意设计。创意设计涵盖了多个领域，如工业设计、建筑设计、包装设计、平面设计以及服装设计等。这些领域虽然各有特色，但它们都遵循一个共同的原则：将独特的创意与实际需求相结合，创造出令人满意的作品。在工业设计中，创意设计的体现可能是一个巧妙的机械装置，或者是一个具有创新功能的电子产品。在建筑设计中，创意设计可能表现为一个独特的建筑造型，或者是一个环保、节能的建筑设计理念。在包装设计中，创意设计可能是一个引人注目的包装图案，或者是一个具有创意的包装结构。在平面设计中，创意设计可能是一幅富有创意的广告海报，或者是一个具有独特风格的标志设计。在服装设计中，创意设计的表现可能是一个新颖的服装款式，或者是一个具有创意的服装配饰。创意设计的独特之处在于其与众不同的设计理念。它不仅是初级设计和次级设计的简单组合，还在满足功能和审美需求的同时，融入了设计师独特的思考和创新。这种设计理念使创意设计作品不仅具有实用价值，还具有艺术性和审美价值。

（二）纸媒传统理念与现代思维的冲突与调和

纸媒如今低迷态势产生的原因，一部分是网络媒体的崛起，另一部分是其自身的发展。一些出版物过于重视文字内容，而忽视了受众的审美需求。在 19 世纪末期，欧洲的一些作家就关于是否要在文学作品中插入一些图画和装帧的设计上进行过讨论，一些作家认为装饰是多余的，另一些作家则认为装饰是必需品。前者认为文学作品就是作家与读者的交流，不需要在其中插入设计师干扰二者的交流，后者则认为美观的装饰能够帮助文学作品更好地进行内容表达，是对文学作品内容的强化。这个讨论的出现源于装饰对于出版物的从属属性。出版物是由作者与设计师在同一本纸媒上进行演绎的，作者在这里仿佛在创造属于自己的世界，他们能够随意发挥，但是设计师就需要尊重作者的设定。久而久之，相当一部分刊物形成了自己的一套以文为本的传统办刊设计理念，装帧设计越来越脱离其对纸媒主体的从属性，逐渐被边缘化。

（三）图书出版的文化创意思路

图书出版的文化创意，首先需要具备高度的政治敏锐性。图书作为文化载体，不可避免地会涉及政治立场、价值观念，因此图书出版人必须对国家政策、法律法规有深入的了解，确保出版的图书在政治上符合国家的要求。法律法规是维护社会秩序、保障公民权益的重要工具。在图书出版领域，遵守法律法规是基本要求，任何创新都不能以违反法律为代价。这不仅是对法律的尊重，还是对读者权益的保障。"无规矩不成方圆"，这句话在图书出版业中同样适用，没有规矩，图书市场就会陷入混乱，读者的利益就会受到损害。因此，图书出版的文化创意必须遵守法律法规，这是行业健康发展的基础。图书出版的文化创意不仅要有新颖的内容和形式，而且要在法律法规的框架内进行。只有这样，才能确保图书出版的健康发展，维护读者的权益，推动文化的传承与创新。

图书出版的文化创意还可考虑娱乐性，因为娱乐性是吸引读者的重要因素之一。为了使图书更具吸引力，出版方需要在内容和形式上进行创意设计，以使图书更具娱乐性。这可以通过选择有趣的话题、加入幽默元素、使用生动的语言和图文并茂的方式来实现。娱乐性的图书可以满足读者的休闲需求，使他们在阅读过程中感到愉悦和放松，从而更好地享受阅读的过程。此外，图书出版的文化创意还应考虑典籍性。图书作为一种重要的文化传承载体，具有长期保存和流传的价值。只有具备典籍性的图书才能成为文化和历史的见证。在图书出版过程中，出版方需要注重书籍的质量和价值，从内容的选择、编辑、排版到装帧设计等方面都要精益求精，以确保书籍的品质和价值。同时，与广播电视和报纸杂志等媒体相比，图书的典籍性更加突出。广播电视的信息是瞬间的，稍纵即逝，而报纸杂志传递的信息也不能持久保存。只有图书能够长期保存并广泛流传，成为文化和知识的宝库。图书出版的文化创意需要具备娱乐性和典籍性两大要素。娱乐性可以吸引更多的读者，改善读者阅读体验；典籍性则可以提升图书的价值和品质，使其成为文化和历史的见证。具备这两大要素，图书出版的文化创意能更好地发挥其作用，推动文化的发展和传承。

六、文化创意产品的网络媒介传播

（一）互联网思维下的文化创意营销

1. 信息变革时代的受众环境

在当前的世界中，一些研究媒介的学者对于科学技术的发展速度发出了由衷的感叹，我国在媒介方面也有自己独特的发展方式。在我国，随着智能手机的普及，移动媒介已经成为人们最佳的工具，我国的电商行业也在互联网的基础上发展出电商金融的概念，对传统的银行业产生了一定的影响。

如今我们已经进入信息时代，文化创意产业所面对的不再是接受传统媒介传播方式的人们，而是成长在互联网时代的新一代，这些在互联网中成长的一代人大多为"90后"和"95后"，这代人是当前消费的中坚力量。伴随着无线互联网技术、智能手机技术的不断发展与普及，移动端的传播业务已经出现激烈竞争的情况。受众群体的变化代表着消费方式也在发生变化，因此信息传播方式也需要随之改变。

2. 互联网思维下的文化营销

如今人们可以从互联网世界中的文化营销来管窥社会与时代发生的变化。现代的市场营销在互联网思维的影响下已经不再同工业革命时期的社会变革一样，而是呈现出迅速发展的态势。例如，在互联网思维的影响下，餐饮行业、出租车行业、唱片行业已经发生了巨大的变化，影视行业、旅游行业、教育行业等也在互联网思维的影响下正在发生变化。

北京大学曾经制作了一个名为《星空日记》的宣传片，该宣传片讲述了一个名叫何晓东的学生的励志故事，何晓东在片中说自己有一个手摘星辰的梦想。他的主修专业是经济学，但是为了自己的梦想选择了天文学作为辅修专业，并且在毕业时制作了一个优秀的毕业设计作品。该宣传片在播放之后引起了人们的共鸣，许多人纷纷转载到朋友圈，激励了许多追逐梦想的人。

我们仔细分析《星空日记》能够发现这个宣传片所呈现的变化。首先，传播渠道发生了变化。大学制作的宣传片不再只是放在电视台或者自己的官方网站上进行播放，而是选择发布在互联网上，微博、微信朋友圈中，让看到宣传片的人都能够进行分享。其次，话语的方式发生了变化。以往大学宣传片的内容多为学校领导或者国家领导人进行非常正式、官方的陈述，宣传片的风格多为大气宏伟、严肃郑重的，这使很多观看的学生产生了距离感，对宣传片的内容也不会仔细观看，但是《星空日记》的内容是一个普通人的故事，对以往的宣传片进行了彻底的颠覆，完全改变了原本宣传片的话语体系。再次，传播角度发生了变化。以往大学所制作的宣传片都是"高大上"的，而对于大众而言，影片中所呈现出的高高在上的宣传片风格并不能引起共鸣，大众只是单纯地接收信息。领导在片中宣传学校的信息，就像在会议上演讲一样，而《星空日记》一改以往的形式，将内容以电影的形式呈现出来，向观众讲述一个故事，观众通过宣传片不仅能够获取学校的信息，还能够被故事激励。最后，北京大学的营销传播方式发生了变化。这一变化使营销推广回到了互联网思想——创造梦想与价值上，而这种思想恰恰是大众的真正需求，也是教育的本真需求。

消费者在观看影片时，对于在影片中所插入的广告十分反感，哪怕是一些植入广告，有些观众也十分反感，因此广告仿佛成为观众最讨厌的事物之一，但是如果将广告变成另一种形式传递给观众呢？例如，将广告的内容以一种情感共鸣的方式传递给观众，使观众在看广告时得到愉悦的享受，这样广告中所推广的产品就具备了人格化的情感魅力，如 iPhone 手机的广告将 iPhone 手机描述为一个具有多种功能、用户可以享受其智能服务的"魔术产品"，使手机带有创新智慧、应对挑战的魅力。

将广告变成电影一直是每个与互联网有关的企业的目标，随着科学技术的发展，现在微电影制作技术已经成熟，各个企业开始将广告制作成微电影，如益达口香糖将广告制作成了一个系列的微电影，在广告中彭于晏和桂纶镁之间的情感都汇聚在两颗益达口香糖之中，受众在记住两人之间故事的同时也记住了益达口香糖。

（二）"互联网+"背景下中国文化创意产品的传播

文化"走出去"战略的实施使得我国在国际上的地位和竞争力不断提高。对我国的文化创意产品贸易的深入研究能够有效推动我国"走出去"战略的发展。

1. 中国文化创意产品"走出去"的价值链转移

随着全球化的深入发展，国际文化贸易已经从货币贸易转变为服务贸易，并进一步发展成为投资贸易、技术贸易、合作研发、信息共享等多元模式。这一转变使一个国家的对外贸易从简单的文化创意产品贸易转变为基于创意全球化、生产全球化、金融全球化、营销全球化的全球价值链分工。文化创意产品"走出去"不仅是出口商品，还是参与全球价值链分工或构建自己主导的全球价值链的重要手段。

在这个背景下，我国的文化创意产品要想真正实现"走出去"，就必须融合多元文化，引领全球主流文化。这需要我们对世界上的多元文化进行整理和重组，寻找提升全球价值链的道路，构建自己的全球价值链。而"互联网+"为我们提供了这样一个契机。"互联网+"的特性是跨界融合、创新驱动、重塑结构、尊重人性、开放生态和连接一切，它打破了传统的地域和文化壁垒，使信息的传播和交流变得更为便捷和高效。这为我国的文化创意产品提供了前所未有的机会，使其能够更好地融入全球市场，与世界各地的文化进行交流和碰撞。同时，"互联网+"也推动了文化创意产业的升级和创新。通过大数据、云计算等技术手段，我们可以更好地分析市场需求和消费者行为，从而开发出更具有针对性和吸引力的文化创意产品。同时，"互联网+"也促进了产业链的整合和优化，使文化创意产品的生产、销售和服务能够更加高效地进行。

我国的互联网在飞速发展的过程中也推动着市场经济结构的改变。互联网渗透在大众生活的每个角落，对大众的生活方式产生着潜移默化的影响，从最开始的信息获取和娱乐需求的个性化应用发展成为在各个领域中都需要的重要元素。因此，文化创意产业的体制改革也进入一个关键的时期，依靠传统的方式已经很难对经济增长产生质的改变，互联网才是我国能够在国际市场中保持核心竞争力的关键所在。

2. 中国文化创意产品"走出去"的全球价值链策略

第一，强化基于大数据的人工智能创意，增加场景、关系等社会要素。文化创意产品是无法只在某一个地区或某一个生产环节直接取得效果的，而是需要企业在多个国家或者地区进行二次创意和二次加工，创造出一个以消费者为动力的创意体系。

伴随着大数据应用的成熟，新的生产模式是以数据为内驱力的，文化创意体系在不同的地区和不同的环节会有不同的形态。在以往的传统生产模式中，第一步是创意所带来的灵感会转换成产品，也就是文化创意产品的创作环节；第二步是由企业进行深入开发、包装、营销等一系列的行为将文化创意产品转变为大众文化创意产品，这是文化创意形成品牌的环节；第三步是文化创意产品通过各种媒介向社会和大众进行传播，这是文化创意产品的传播环节；第四步是市场交易行为的发生；第五步是消费者将使用感受反馈给企业。

第二，建构价值链战略环节，逐步实现大数据运营与管理。文化创意产品的生产模式已经发生了变化，由"需要—实体—价值"变成了"意义—价值—实体"，这与不同的环境和不同的环节有直接的关系，其增加了价值链的价值。全球价值链现在已经步入将重点放在服务上的环节，如国际商业机器公司（IBM）将产业转型为网络服务业，谷歌公司也是靠数据服务取得如今的成绩的，阿里巴巴集团也是一个为受众提供综合性服务的平台。

无论是文化创意产品还是服务，在"互联网+"的背景下都会发生市场供需关系的转变。传统的市场资源配置是依靠市场的价值规律进行的，涉及具体的资源流动就无法精准地显示出来，但是在"互联网+"背景下，依靠大数据的分析与演算，能够对市场中的个性供需的关系、宏观发展的趋势进行计算。因此，如何进行数据分析，通过技术手段低成本地实现信息和个性化定制需求的智能化匹配，是文化创意企业市场战略的重要构成部分。

第三节 新媒体背景下文化创意产品应用与传播

一、新媒体与文化创意产品设计的应用

（一）新媒体背景下文化创意产品设计现状

新媒体时代信息技术的发展对文化创意产业产生了深远影响。随着网络的普及和数字技术的广泛应用，地域文化和传统文化得到了更广泛的传播与关注，这为文化创意产业带来了巨大的机遇和诸多挑战。文化创意产品设计需要从多个维度进行考虑，包括文化元素的选择、产品功能的设计、用户需求的满足等方面。这要求设计师具备跨学科的知识储备和丰富的想象力，以创造出具有独特魅力的文化创意产品。然而，当前文化创意产品设计中仍存在一些问题。其中最为突出的是产品同质化、创意缺失的现象。许多文化创意产品缺乏独特性和创新性，只是对传统元素的简单复制或拼凑，无法给用户带来新鲜感和吸引力。这种缺乏创造力和想象力的设计思路使文化创意产品的核心竞争力大大降低。此外，文化创意产品设计还应当注重体现地方文化特色。每个地区都有其独特的文化传统和风俗习惯，这些特色是构成文化创意产品的核心。然而，很多文化创意产品在设计过程中忽视了地方特色，导致产品缺乏地域文化的内涵和魅力。为了改变这一现象，设计师应该深入了解当地文化、挖掘地方独特元素，并将其巧妙地融入产品设计中。市场需要的是兼具艺术性和实用性的文化创意产品，这些产品需要富有浓厚的文化内涵和独特的创意。因此设计师在提炼文化元素时，不应仅仅局限于表面形式，而是要深入挖掘其内涵和价值。通过具有创新性的设计和开发，将传统元素与现代技术相结合，创造出既有传统文化底蕴又有现代感的优秀作品。

在当今社会，文化创意产品已经成为满足消费者文化需求和生活需要的重要组成部分。这些产品不仅是商品，还代表了一种文化和生活态度。因此，设计公司和设计师深入理解消费者的感受和喜好是打造出受市场欢迎的文化创意产品的关键。然而，现实情况是，市面上的文化创意产品往往缺乏设计内涵和文化底蕴，

既不能满足消费者的实际生活需要，又缺少应有的文化附加值和针对性，这一现象在新媒体时代背景下尤为突出。新媒体时代信息的交流更加主动和个性化，受众自主形成虚拟群体进行分享、交流与学习。但遗憾的是，大多数文化创意产品设计公司与设计师未能充分利用这一时代优势及时收集反馈信息、关注消费者的交流分享内容、总结设计产品的问题与不足。新媒体的数字化和信息化优点为文化创意产品设计带来了无限的可能。它使文化创意产品设计呈现出动态化、多样化、综合化的特点，而不仅局限于传统的平面化设计。

设计师应充分利用新媒体的优势，将增强现实技术（AR）、大数据等新兴科技融入设计中，给用户带来全方位的感官体验。这样不仅能提升产品的吸引力，还能使其在市场中独树一帜。同时，新媒体的发展也为文化创意产品的传播渠道提供了更多的选择。传统媒体传播速度慢、覆盖面窄，新媒体则具有传播速度快、覆盖面广的优点。因此，文化创意产业应紧跟新媒体的发展步伐，利用新兴技术进行产品的宣传和用户反馈的收集。这不仅可以提高产品的知名度和影响力，还能及时了解市场动态和消费者需求，为产品的进一步开发提供有力支持。在新媒体时代，文化创意产品设计公司和设计师必须转变观念，紧跟时代步伐。他们需要更加注重市场调研，深入了解消费者的需求和喜好；还要加强与科技、营销等领域的合作，共同推动文化创意产品的创新和发展。只有这样，才能真正满足消费者的文化需求和生活需要，实现文化创意产品与市场的良性沟通。这不仅有助于提升文化创意产业的竞争力和影响力，还能为推动社会文化的繁荣和发展做出积极贡献。

（二）新媒体与文化创意产品的应用策略

1. 新媒体应用于文化创意产品的策略

文化创意产品开发设计的意义不仅在于满足市场和消费者的需求，还在于其对民族传统文化的传承与保护。传统文化是中华民族的瑰宝，蕴含了丰富的历史信息。文化创意产品通过现代的设计手法和技术将这些宝贵的历史遗产转化为可以被现代大众接受和喜爱的形式。

文化创意产品的开发有助于推动当地旅游业的发展。当一个地区的文化创意产品得到市场的认可和消费者的喜爱时，必然会吸引大量的游客前来参观和购买。这不仅带动了当地的旅游业发展、增加了当地的经济收入，还为当地居民提供了就业机会、促进了社会经济的发展。在新媒体时代背景下，数字技术的快速发展为文化创意产品的呈现方式带来了更多的可能。借助三维动画、虚拟技术、感应技术等手段，文化创意产品可以以更加立体、生动的方式呈现给受众。这种呈现方式不仅满足了当代大众对于多元化、个性化的需求，还使受众可以从多个感官角度来感受和体验文化创意产品。新媒体的传播速度和广度使传统文化能够迅速传播，并且在传播过程中更加具有感染力。与传统媒体相比，新媒体能够更好地与受众互动，受众不仅是信息的接受者，还是信息的参与者和传播者。这为传统文化的传播提供了更加广阔的平台和更加多样化的渠道。此外，文化创意产品与传统文化的发展是相辅相成的。文化创意产品从传统文化中提取元素，通过创新的设计手法和技术手段将这些元素转化为具有现代感和实用性的产品，而传统文化则借助这些文化创意产品得以更好地传播和弘扬。这种相互促进的关系，使传统文化在现代社会中仍然保持着旺盛的生命力。

文化创意产品已经渗透了当今社会的各个领域，它们以自身独特的魅力和创意成为年轻人备受追捧的对象。从互联网上的文化创意视频、海报、壁纸、游戏皮肤，到相关的应用软件，再到文化创意交互性软件产品网络店铺和交互性强的虚拟博物馆、数字协作空间等数字化文化创意产品，种类繁多、形态各异。

在新媒体时代，文化创意产品设计建立在良好的交互基础上。这种交互性不仅是技术与产品的结合，还是文化与情感的交流。以敦煌博物馆为例，他们推出的系列新媒体数字文化创意产品，如敦煌数字博物馆、动画《飞天》、游戏联动敦煌系列皮肤等，都充分体现了这种交互性。敦煌数字博物馆通过数字技术给受众提供线上展厅，实现云展览。这种模式利用互联网技术，让用户足不出户就能参观敦煌博物馆，并能够听到清晰细致的讲解。这种体验方式不仅突破了传统博物馆的限制，使更多人能够随时随地欣赏到敦煌的魅力，而且通过数字化的交互方式拉近了观众与历史文化的距离。科技与文化创意产品的结合使这些产品更加具有生命力、更加鲜活、更加具有互动性。这种结合不仅是形式的结合，还是内容的结合。通过科学技术，将富有文化、历史底蕴的文化创意产品以更加生动、直观的方式展现给群众，满足了群众对于精神层面的情感交流。此外，线上线下交互博物馆也为受众带来了良好的体验。这些博物馆利用现代技术，如虚拟现实、增强现实等，为观众创造出沉浸式的参观体验。观众可以在参观过程中与展品进行互动，获取更多的信息与知识。这种交互式的体验方式不仅吸引了观众的眼球，还让他们对相关系列文化创意产品产生了浓厚的兴趣。这些文化创意产品在给受众带来良好体验的同时，也促进了文化创意产品的销售。这种消费行为不仅推动了文化产业的发展，还让中华传统文化得到更好地传承与弘扬。

2. 新媒体应用于文化创意产品的实例

当今时代，文化创意产业的发展已成为国家重要的战略方向。故宫博物院在新媒体的助力下，成功地将深厚的文化底蕴和具有创新思维的文化创意产品融入现代人的生活之中。

首先，故宫博物院充分利用新媒体技术打破了时间和空间的限制，使消费者可以随时随地了解博物馆的文化创意产品。通过微信公众号和相关软件，消费者不仅可以获取博物馆的详细信息，如展品的历史背景、特点等，还可以进行在线订票、语音导览、参观指南查询、提前预约和购物等一系列操作。这种互动方式不仅为消费者提供了便利，还为博物馆的文化创意产品销售开辟了新的渠道。

其次，故宫线上博物馆的设立是新媒体技术应用的又一亮点。通过这一平台，受众可以随意切换展馆的场景，对感兴趣的实物、图片等进行细节放大观察。这种虚拟化的参观方式使受众不再受制于时间和空间，可以在云端随时随地逛展馆。这种线上与线下互动的模式极大地扩展了博物馆的延伸空间，使历史文化与群众之间的距离更加贴近。同时，这也满足了不同层次、不同方位的受众需求，使故宫博物院的文化创意产品更具市场竞争力。

最后，基于线上博物馆的设立，故宫博物院还衍生出许多基于数字化的文化创意产品。这些产品将故宫的文化元素与现代设计相结合，如游戏皮肤、动态海报、壁纸等，深受年轻人的关注和喜爱。这些数字化文化创意产品的出现不仅丰富了消费者的文化生活，还进一步促进了线上、线下文化创意产品的销售。同时，这些产品也引发了受众对线下博物馆的好奇，促使更多人亲自前往故宫博物院参观，进一步推动了文化创意产业的发展。

二、新媒体时代文化创意产品的营销传播策略与过程

（一）新媒体时代文化创意产品的营销传播策略

新媒体时代，文化创意产品的营销传播是以互联网技术为基础的，其活动方案设计要始终遵循个性化、趣味性、互动性和利益化这四个原则。

第一，个性化。当今社会，人们都希望自己所拥有的物品具有独特性和创造性，以展示自己独特的审美眼光，因此物品在某种程度上可以说是其主人的个性缩影。此外，文化创意产品丰富的层次可以满足不同消费者的审美需求。

第二，趣味性。文化创意产品的营销传播要以文化创意产品精神为核心，充分挖掘文化创意产品的内在娱乐价值。文化创意企业在网络上进行营销时，要把文化创意产品的趣味性贯穿整个营销传播过程。

第三，互动性。良好的用户体验可以给文化创意产品的销售带来意想不到的惊喜。因此，在产品销售前期，文化创意企业要充分发挥新媒体的互动特性，跟潜在的顾客进行良好的、双向的交流和沟通，针对顾客的不同要求，提供不同的文化创意产品方案，以此来提升顾客对产品和品牌的认可度；在产品销售后期，文化创意企业也要不定期地进行网络回访，了解产品的情况和搜集顾客的意见，努力与受众群体建立长久且持续的互动关系，激发受众群体对其文化创意产品的热爱，让受众群体由原来的被动式接受变为对品牌的主动式传播。

第四，利益化。文化创意企业要想获得产品利益、带动产品销售，就必须对消费者进行一定程度的让步，使消费者有一种实惠的感觉。让步的方法有很多，如现在最流行的让消费者将产品相关信息进行朋友圈转发、朋友圈集赞，以此获得产品的免费试用机会，这种方法可以让消费者在无形中对文化创意产品进行宣传，从而取得裂变式宣传的效果。我们还可以通过文化创意产品的固有特性发挥文化创意产品前期的吸引力，牢牢抓住其粉丝群体的潜在消费意识。

（二）文化创意产品在新媒体时代的营销传播过程

基于对消费者消费行为的分析和新媒体的传播特点，文化创意产品的营销传播过程可分为五个阶段：吸引阶段、兴趣阶段、搜索阶段、行动阶段、分享阶段。这就是通过市场细分，准确定位目标受众，分阶段实现营销目标。

第一，吸引阶段。对于文化创意产品的销售来说，能否在第一时间抓住消费者的眼球对后续开展的产品销售至关重要。

第二，兴趣阶段。文化创意产品吸引了消费者后，就要注重培养消费者对产品的兴趣，可通过市场调研掌握消费者的消费心理、运用新媒体手段吸引消费者眼球，从而提高消费者对文化创意产品的认知，并通过网络社交平台建立起品牌与消费者之间的良性互动，以此来加强消费者对文化创意产品的认可。

第三，搜索阶段。文化创意企业要合理利用网络的优势，为消费者提供便捷的产品搜索模式和全面的产品信息介绍，并且引导消费者对产品进行真实的反馈。同时，文化创意企业要时刻保持危机意识，重视产品的负面评价并对其进行正确引导。

第四，行动阶段。如何使消费者将购买的欲望付诸行动，是文化创意企业在这个阶段重点关心的问题。文化创意产品的销售同其他产品的销售一样，好的营销手段及完善的产品售后服务会大大促进消费者购买行为的发生，从而为企业带来更加丰厚的利润。

第五，分享阶段。建立一个良好的品牌形象至关重要，因为良好的品牌形象不仅在对外推广上有强大的吸引力，还在对内的营销管理上占有一定的优势。

第四章　体验经济视角下的文化创意产品设计

本章为体验经济视角下的文化创意产品设计，一共分为四部分：体验经济的概念、体验与文化创意产品的关系、体验经济融入文化创意产品设计的意义、体验经济背景下文化创意产品设计实践。

第一节　体验经济的概念

纵观人类社会的发展史，人类社会已经从产品经济时代发展到服务经济时代，再到如今的体验经济时代。随着社会的发展和人们生活水平的提高，人们更加关心生活质量的提升。在物质需求得到极大满足的情况下，人们追求更多的是自己在心理上乃至精神上的满足，这便有了体验经济，它是继农业、工业、服务业之后的又一种经济形式，其主要强调产品带给消费者独特的审美体验和快乐价值，创造长期留在消费者脑海中的记忆，并使消费者拥有美好的感觉和愉快的回忆。

经济形态从过去的农业经济、工业经济、服务经济转向了现阶段的体验经济。这种经济形态的转变就像给小孩儿准备生日蛋糕的进化史一样，在农业经济时代，母亲是拿自家的面粉、鸡蛋等原材料，亲手做蛋糕，从头忙到尾，成本极低；到了工业经济时代，母亲到商店里花上几元钱买混合好的盒装蛋糕回家自己烘烤；进入服务经济时代，母亲会花费十几元从蛋糕店订购做好的蛋糕；进入体验经济时代，母亲不再烤蛋糕，而是花几百元将生日活动外包给专业的公司，请他们为小孩儿办一个难忘的生日晚会，从而带来更多的愉快体验，留下美好的回忆。从纯粹的原材料（产品）、半成品（商品）、做好的蛋糕（服务）到举办生日晚会（体验），都说明人们已经进入了体验经济时代，因为消费者发现这种经济形式更接近于他们的消费欲望。

美国战略地平线 LLP 公司的两位创始人约瑟夫·派恩与詹姆斯·吉尔摩对体验经济做出了定义："所谓体验经济就是指企业以服务为重心，以商品为素材，为消费者创造出值得回忆的一种全新经济形态。"[①]

传统的经济形态主要注重产品的功能和外形，而体验经济从生活与情境出发，塑造感官体验及思维认同，以此来吸引消费者眼球，改变消费者消费行为。体验经济背景下产品的价值不再体现在产品的功能或服务中，而是更多地体现在消费者身临其境的"体验"中，体验经济让消费者参与其中、乐在其中。

第二节　体验与文化创意产品的关系

一、体验经济下体验与文化创意产品的关系

（一）体验经济下体验与文化创意产品生产、消费的关系

体验这一概念在人类社会中早已存在，它代表了个体对外界事物的感知与认识。但在体验经济背景下，体验的性质和意义发生了深刻的变化。它不再只是一种主观的感知活动，而是逐渐演变成了一种特殊的商品，成为生产者和消费者共同追求的对象。文化创意产品作为体验经济的重要组成部分，其核心正是体验。这些产品往往以符号消费和精神消费为主要消费对象，强调的是消费者在使用过程中的感受和体验。例如，一部电影不只有一系列画面和声音，还能提供给观众沉浸其中的情感体验。同样地，一款游戏也不只有关卡和任务，它更是一种让玩家参与并享受其中的互动体验。在消费过程中，体验的重要性被凸显得淋漓尽致。消费者购买文化创意产品在很大程度上是为了获得其中蕴含的独特体验。这种体验可以是感官上的满足，如观看一部感人至深的影片；也可以是情感上的共鸣，

---

① 万祖兵.基于体验经济的文化创意产品设计与应用研究[M].长春：吉林人民出版社，2021.

如读一本触动心灵的书籍。正是这种无形的、非物质的价值使文化创意产品在市场上具有强大的吸引力。与此同时，体验也成了推动文化创意产品生产的重要动力。生产者为了满足消费者对于体验的需求，不断地进行创新和尝试，以期创造出更加丰富、更加独特的体验。这种需求与供给之间的互动关系进一步推动了文化创意产业的繁荣和发展。此外，文化创意产品也在不断地刺激和创造着新的体验消费需求，每一款新的文化创意产品的推出都在向消费者展示一种新的体验可能，激发他们去尝试和追求这种新的体验。例如，虚拟现实（VR）技术的出现使消费者能够更加真实地沉浸在虚拟世界中，从而催生了对 VR 内容的需求和消费。

1. 体验经济下体验与文化创意产品生产的关系

在当今社会，科技已经成为推动人类发展的核心力量。正如得到 App 创始人罗振宇在他的演讲中提到的，随着科技的进步，人类的器官功能逐渐被科技发明取代。汽车、火车等交通工具取代了我们的脚，使行走变得更加便捷；电风扇、洗衣机等家用电器取代了我们的手，减轻了我们的劳动负担。尽管科技为人类带来了诸多便利，但它却无法替代人类大脑的一种特殊功能——对于新事物的好奇，对于未知事物的探索和尝试以及对于极致、极限的追求。这些欲望、渴求和感觉是人类与生俱来的天性，也是我们不断前进、发展的动力源泉。

正是由于这些欲望和渴求的存在，人类对于不同事物的体验需求成为推动未来社会进步和经济发展的主要动力。体验这一原本作为个体对外界事物的感知与认识的活动，在现代社会中已经逐渐演变为一种特殊的商品。它不仅是生产者和消费者共同追求的对象，还是推动社会经济发展的重要动力。在体验经济背景下，文化创意产品成为满足人们体验需求的主要载体。这些产品通过独特的创意和设计为消费者提供多样化的体验。消费者在购买和使用这些产品的过程中，不仅能够获得感官上的满足，还能够感受到情感上的共鸣和认同。这种体验的价值远超过产品本身，成为消费者追求的核心。与此同时，文化创意产品也成为推动经济发展的重要力量。随着人们对体验需求的增加，文化创意产业得到了迅速发展。从电影、游戏到旅游、艺术等领域，文化创意产品已经成为现代社会不可或缺的一部分。它们不仅创造了巨大的经济效益，还带动了相关产业的发展，为社会创造了更多的就业机会。

文化产业与体验经济在许多方面都存在着紧密的联系。随着科技的飞速发展和经济的不断进步，文化产业逐渐崭露头角，成为一股不可忽视的力量。与此同时，体验经济也异军突起，成为一种新兴的经济形态。究其原因，两者都是在科技与经济发展的背景下，基于相同的社会经济基础和技术条件而兴起的。

我们需要明确文化产业为何能够兴起。科技的发展为文化产品的生产提供了更多的可能，使原本难以复制和传播的文化产品得以大批量、标准化地生产。这为文化产业的发展奠定了坚实的基础。然而，随着时间的推移，人们开始对千篇一律、缺乏个性的文化产品产生厌倦，他们追求具有独特性和差异性的文化创意产品。这一转变与体验经济的兴起不谋而合。体验经济强调的是消费者的参与和体验，注重个性化和差异化的服务。在文化消费市场上，消费者不再满足于被动地接受标准化、大批量复制的文化产品，而是希望参与到文化产品的设计和生产过程中，获得更加独特和个性化的消费体验。以文化衫的定制为例，这种个性化的消费方式已经成为一种时尚。消费者可以根据自己的喜好和需求，亲自设计属于自己的独特标识图案，进行私人定制。这样不仅可以形成与众不同的文化消费，还能够赋予这些文化衫特殊的意义。除此之外，还有很多其他的文化创意产品也体现了体验经济的差异性、参与性特征，如 DIY 制作、纪念品的专业定制、个人传记的写作以及电影拍摄的群众参与等。这些形式都让消费者有机会亲身参与其中，获得独特的体验和感受。

2. 体验经济下体验与文化创意产品消费的关系

（1）体验与文化创意产品经济价值的实现

文化商品的使用价值之一便是提供新奇的和与众不同的感受（体验）物。以符号消费为主要内容的文化创意产品是以提供"体验物"为主的，当然这也是文化创意产品的主要使用价值。正是由于文化创意产品是以提供"体验物"为主的，文化产业的发展才能够以最小的投入获得巨大的利润。这也正是当下许多国家、企业大力提倡和投入文化产业行业的原因。

与其他商品相比，消费者通过"吃"的方式消费食品，通过"穿"的方式消费服饰，通过"用"的方式消费日用品。这些商品的共同特点是一经消费便一去不复返，只有通过新的资源再造才能获得新物品，而文化创意产品最大的特点却恰恰相反，文化创意产品不会在消费的过程中破损，因此可以重复利用。例如，一部电影可以供千万人无限次反复观看，一幅油画也可丰富无数人的精神世界，但一块普通的面包无论如何也不可能供千万人重复充饥。由于文化创意产品的消费是通过"体验"这种特殊的方式来进行的，与其他商品相比，文化创意产品就获得了无可比拟的优越性。

（2）体验与文化创意产品符号意义的生成

以符号消费为主要内容的文化创意产品和其"精神性"消费的本质决定了消费者在消费文化创意产品时不仅消费它的使用价值，而且还消费它的符号价值，并从中获得属于个人的情感体验以及社会认同。例如，人们在购买一本书时花费大量的金钱绝不仅是购买那些纸张。同样，游客去历史博物馆参观，也绝不仅是看博物馆的宏伟建筑，而是体会那些展台上文物背后的文化内涵。因此，消费者除消费产品本身以外，还消费这些产品所象征和代表的意义、心情、美感、档次、情调和气氛，即对这些符号所代表的意义或内涵的消费。

人们对于符号的消费是以人的体验和理解活动为主要方式进行的。一本书中的文字、一幅画中的色彩、一首乐曲的音符经千万人阅读、赏析，其本身不会发生质的变化，消费者的个人理解赋予原本冷冰冰的符号鲜活的生命，文化创意产品的符号内容也只有被千差万别的消费者深入理解，并生成"一千个读者心中有一千个哈姆雷特"的时候，它的社会价值、艺术价值、娱乐价值等才得以实现。从这个层面上来讲，体验与个人的理解才是文化创意产品的价值得以实现的根本途径。

（3）体验与文化创意产品消费的目的

文化创意产品根本的社会功能是"意义"的传达器，而究其"意义"的本质，无非是人类对于人生意义的追寻。文化作为人的产物和标识，从产品形式到精神要求，都把"意义的追寻"作为人的存在最基本和最核心的议题。法国人曾做过一个民意测验，结果显示89%的被访问者认为需要"某种东西"才能活下去。约翰·霍普金斯大学的社会学家对48所大学的7948名大学生进行过统计调查，在被问及"什么是你最近的目标"时，16%的学生回答是"赚很多钱"，78%的学生回答其首要的目标是"寻找生命的目标和意义"[1]，可见人们对意义的追寻是普遍的。文化创意产品的生产和消费正是人类追寻意义的主观努力之一。

① 张春彬.体验经济背景下文化创意产品设计的研究与实践 [M].沈阳：辽宁大学出版社，2019.

体验作为人类认识世界和感悟生命的主观活动，在人类生命与生活中处于重要地位。我们可以看到，当涉及追问生命意义的时候，体验不再仅是人类感知外界的思维活动，还成了为追寻意义而努力探索的行为。不管是冒险家不顾生命危险去攀岩绝壁，还是作家皓首穷经地著书立说，人类在追寻生命意义的活动中都必然产生新的体验，那些新的"体验"便是意义。从体验经济的视角来看，消费者在消费文化创意产品的过程中无非是想获得某种体验：读书是为了获得间接知识，即获得教育的体验；游玩迪士尼乐园是为了获得娱乐的体验；玩电子游戏是为了获得逃避现实的体验……这些体验也就构成了人类对于"意义的追寻"。因此，消费者是通过对文化创意产品的消费来获得新的体验，从而追寻意义的，而这也是消费者消费文化创意产品的目的。

（二）文化创意产品消费刺激下的体验需求

1. 文化创意产品体验性与不可体验的矛盾

消费者通过体验文化创意产品的符号来达到实际的消费目的，但事实上，在实际的消费过程中，尤其是文化创意产品的营销过程中，文化创意产品往往是不能够通过体验营销这种方式获得消费者的青睐的。不像吃的食物消费者可以试吃、穿的衣服消费者可以试穿，消费者一旦尝试一本书、一部电影、一首歌等文化创意产品，便是"体验"的开始，也意味着内容的透露和经济价值的丧失。

那么，如何才能保证消费者在尽可能地享有知情权的情况下进行文化消费呢？事实上，文化创意产品的体验性消费是以经验性的方式来完成的。在这种情况下，通过其他各种途径获取信息便成了消费者获得"知情权"的唯一方式。于是，我们看到文化产业各种各样的宣传方式：一本畅销书由名人作序，一部电影铺天盖地的广告宣传加之各种形式的影评，亲朋好友的推荐等。

为尽可能地提高文化创意产品的知名度和扩大消费需求，以最大可能地获得利润，文化创意产品的创造者实际上也在不断地利用自己所创造出来的"名牌"。近几年兴起的电视剧翻拍热潮也是建立在这样的逻辑之上的。在消费了之前的文化创意产品之后，消费者获得了较为实际的信息，加之强烈的市场反响，不断地创造续集、翻拍这样的形式便成为满足大众消费心理和体验需求的主要方式。同时，这也是生产者降低风险、获取利润、提高市场占有率的普遍做法。

2. 拟态环境下消费者的体验渴求

拟态环境是指传播媒介通过对象征性事件或信息进行选择和加工、重新加以结构化后向人们展示的环境。按照拟态环境的理论，人是生活在"真实环境"和由传媒、大脑所创造的"虚拟环境"之中的。在现代大众传播极为发达的条件下，人们除了生活在现实环境之中，也别无选择地生活在了经传媒选择、加工的"象征性现实"（拟态环境）之中。

拟态环境的概念，本来是针对新闻信息在传播的过程中，传播者对于信息的把控和选择现象而提出的，但在今天以传媒为核心所打造的文化创意产品消费的新态势下，拟态环境同时向人们昭示着消费者在很大程度上也是被置于由传媒所营造的"象征性现实"之中的。这就引发了一个现实问题，那就是消费者对体验真实环境的持续渴求。在体验经济背景下，消费者已不再满足于简单的纸张阅读和屏幕观赏，而是更渴望真实的触摸和感受，如《文化苦旅》引发的旅游热等。这些现象告诉人们，在传媒所营造的拟态环境下，消费者对于真实体验追求的热情，以及拟态环境对于新的文化创意产品开发所产生的巨大推力。这说明，在拟态环境刺激下的消费者体验需求不仅使开发和生产新的文化创意产品成为必要，还使文化产业能够持续不断地发展成为可能。

二、体验经济下文化创意产品与审美体验

（一）审美体验与文化价值

在全球化的大背景下，文化创意产业的发展是为了适应千百万群众日益增长的文化消费（精神消费）需求而产生的，这种文化消费（精神消费）正是审美经济和体验经济并存的时代产物。在审美经济时代，文化、审美的影响已经渗透了经济生活，产业的文化逻辑表现得越来越明显。有别于传统经济，审美经济更加突出经济活动中的审美要素，这些审美要素为传统经济行为增加了新的内容，也就是为消费者增加了新的消费理由。约瑟夫·派恩和詹姆斯·吉尔摩在《体验经济》一书中认为，体验经济将取代服务经济，人类正在进入一个体验经济时代。体验经济时代的主要特征是以服务为舞台，以产品为道具，以消费者为中心，从而创造能够使消费者参与，并且值得消费者回忆的活动，消费者参与活动当中所

获得的感受就是"体验"。文化创意产品所带来的体验形式，正是一种具有文化内涵深度的审美体验。电影、戏剧、展览、大型演艺，甚至网游、手机应用等多种文化创意产品与服务给人们带来了激动、喜悦、欢乐、悲痛、忧愁、哀伤、憧憬等感受体验，让人们的情感和心灵经历了一次又一次的高峰体验，从而获得丰富的审美体验。如今，文化产业的发展已经进入高速发展的阶段，在文化企业不断形成大型的文化综合体之际，只有形成具有丰富文化内涵的文化创意产品核心竞争力，才能带来较高的经济价值。

（二）审美体验的特性

1. 审美体验是感官与身体的融合，具有直接性与整体性

审美体验的基本特性是基于感官的。审美体验离不开人的感官，它作用于视、听、味、嗅、触五种感知能力。当代科技的迅猛发展同时为文化创意产品带来可视、可听、可嗅、可触的多重感官审美体验。基于感官生成的审美体验不仅是与当代科技结合的产物，实际上也是中国古人的生活方式——饮酒、听琴、观画、闻香、挥墨，其所带来的审美体验组成了古代文人极富情趣的审美人生。

然而，当人们审视审美体验如何能够由感官上升至精神层面之时，体现了身体与心灵融合的整体性。它的整体性体现为整个审美主体（包括身体与心灵）向审美对象世界的全方位敞开。审美体验不单是精神性的，也不单是感官性的，而是由整个身体的投入而带来全面的感官与精神相融合的整体。

2. 审美体验超越时间与空间，具有现在性和唯一性

审美体验是一种独特的、超越时间和空间的心灵体验。它不同于日常生活中的感知，而是以直觉直接触及事物的本质和内在美。这种体验具有现在性和唯一性的特征，即它只发生在刹那间，并且只存在于现在，不涉及过去和未来。

当我们沉浸在审美体验中时，我们仿佛能够穿越时空的限制，与眼前的事物建立起一种无间的联系。这种联系是瞬间的、当下的，其不受到任何外界因素的干扰。在这种状态下，我们能够直接感受到事物的真实面貌，领悟到它的内在美。这种美不是表面的、肤浅的，而是深入骨髓的、触及灵魂的。审美体验的产生，往往需要审美主体具备一定的审美素养和感知能力。在面对美的事物时，审美主体能够迅速地进入审美状态，通过直觉去感受和领悟。这种审美直觉并不是凭空

产生的，而是基于审美主体对美的理解和追求产生的。审美体验的深刻程度决定了它能够为人们带来的唯一性的内在价值。这种价值是无法用金钱来衡量的，因为它涉及人们的精神世界和内心感受。因此，我们应该更加注重培养自己的审美素养和感知能力，以便更好地领悟生活中的美和价值。

（三）审美体验与文化创意产品的核心竞争力

1. 审美体验的直接性和整体性，为文化创意提供原动力

在文化创意产品的设计和开发中，创意者需要关注消费者的感官和身体体验，为消费者带来深刻的审美体验。这意味着创意者需要深入了解消费者的需求和喜好，从感官和身体的角度出发，为消费者带来全面的体验。例如，在电影、戏剧、音乐会等文化创意产品中，观众经由视听感知沉浸其中，感受作品的魅力和情感。同样，在实景演出等互动性更强的文化创意产品中，观众的身体也被充分调动，他们可以通过身体动作、语言交流等方式参与其中，获得更为深刻和独特的体验。创意者需要从消费者的角度出发，思考他们需要什么样的体验，然后以此为基础进行创意设计。这种反向思考的方式可以帮助创意者更好地理解消费者的需求，从而创造出更符合市场需求的文化创意产品。感官与身体的全息投入带来的审美体验是创意产品的核心价值，这意味着创意者需要亲身参与和体验产品或服务的使用过程，了解消费者的感受和反馈，从而不断完善和优化产品设计。

2. 审美体验的现在性和唯一性产生交互式传播的效果价值

在信息时代背景下，数字技术的快速发展和普及使传播渠道和平台得到了极大的拓展。这一趋势不仅改变了信息的传播方式，还深刻影响了人们对文化创意产品的认知和消费方式。

数字化的传播渠道和平台使文化创意产品能够以更加可视化、网络化、智能化的方式呈现给观众。通过数字技术，人们可以更加直观地了解产品的特点、功能和价值，从而更加便捷地获取信息。同时，数字技术也使文化创意产品的表现形式更加丰富多样，如 VR、AR 等技术可以带给观众更加沉浸式的体验，使他们在享受产品的同时获得更多的感官体验。随着信息时代的深入发展，人们对文化创意产品的信息使用效果的要求也越来越高。在信息量已经充分饱和的环境下，人们更加注重信息的品质和深度。因此，数字化文化创意产品需要注重信息的整

合、筛选和提炼，以满足人们对于信息的使用效果的需求。这需要产品开发者具备更高的信息素养和技术水平，以便更好地把握市场需求和消费者心理。数字化文化创意产品的核心竞争力在于其审美体验的现在性和唯一性所产生的交互式传播效果。在数字化时代，文化创意产品的审美体验不再是单一的、静态的，而是动态的、交互式的。观众可以通过数字化渠道参与到产品的创作和传播过程中，与产品进行互动，从而获得更加深入的体验。这种交互式的传播方式可以增强观众的参与感和黏性，提高产品的知名度和影响力。

与传统信息交流媒体相比，数字化传播更加注重用户参与和体验。交互性是数字化传播的核心特点之一。通过数字技术，人们可以更加方便地与信息进行互动，从而获得更加深入的体验。数字化文化创意产品通过交互性实现了用户与产品之间的互动。这种互动不仅体现在用户对产品的操作和体验上，还体现在产品对用户的反馈和回应上。例如，在一些互动游戏中，用户可以通过游戏中的角色与游戏情节进行互动，而游戏也会根据用户的操作和行为做出相应的反馈和调整。这种互动性的体验方式使得用户更加深入地参与到产品的使用和创作过程中，从而提高了产品的吸引力。数字化文化创意产品的交互性还体现在产品与用户之间的相互作用上。通过数字技术，产品可以收集用户的反馈和数据，从而更好地了解用户需求和市场趋势，为产品的改进和创新提供有力支持。同时，用户也可以通过数字化渠道与产品进行互动和交流，分享自己的观点和感受，参与到产品的创作和传播过程中。这种互动和交流不仅有助于提高产品的品质和竞争力，还有助于增强用户的归属感和参与感。

（四）审美体验与文化创意产品的经济价值

审美体验对文化创意产品核心竞争力产生了重要影响，那么以审美体验为核心竞争力的文化创意产品又是如何实现其经济价值的呢？

人们现在所讲的文化创意产品，更多的是指无形的非实物性产品，它的价值就在于版权。文化创意产品的经济效益从根本上来说就取决于版权价值。版权价值不是劳动价值，不是费用价值，而是一种效用价值。

首先，文化创意产品是一种创造性劳动，其价值不取决于创意者进行创新性劳动的时间或创意所耗费的成本，而是由其有多少使用者所决定的。其次，文化创意产品的价值也并不在于它的生产数量。生产数量越大并不意味着文化创意产品的价值就越高。劳动价值论和生产费用价值论都是从供给的角度来研究商品价值的形成，而效用价值却与之相反，从需求的角度来研究商品的价值，认为效用是价值的源泉。站在消费者的角度，商品价值取决于该商品能在多大限度上满足其需要。

价值实际上是一种"关系"范畴，这种"关系"必然以某种实体同人的需要的关系表现出来。经济需要总要以某种商品来满足，而商品正是为了满足人的需要才被生产出来的。那么，文化创意产品的价值正是通过它能够在多大限度上满足人的文化需求来体现的。某种文化创意产品具有价值，也正是因为它具有能够满足人心理的、精神的、文化的需求的某种特性。只有文化创意产品和文化需求相吻合，才能使文化创意产品价值得以形成和增加。人的文化需求层次多且多变，这就使文化创意产品价值的形成和增值呈现出复杂的、不断变化的特点。

第三节　体验经济融入文化创意产品设计的意义

一、体验经济的融入有助于文化创意产品综合能力的提升

（一）体验经济的融入有助于文化创意产品吸引力的提升

当今市场，文化创意产品层出不穷、琳琅满目。然而，仔细观察不难发现，许多产品的设计都存在相似之处，甚至有些产品直接抄袭了其他品牌的畅销款式。这些产品不仅缺乏创新性和独特性，而且往往既没有功能性也不具备美观性，更无法为消费者提供独特而深刻的体验。究其原因，主要是许多设计师在产品开发之初没有深入了解和研究消费者的需求和心理。他们往往试图通过简单的复制和照搬来快速实现经济价值的最大化，而忽视了消费者对于独特、新颖和有深度的文化创意产品的渴望。这种忽视消费者需求的行为最终导致了产品的失败。体验设计要求设计师深入研究和理解消费者的心理需求，通过对产品外观、色彩、材质、使用方式等方面进行细致设计，创造出满足消费者心理需求的作品。这样的设计能够为消费者带来独特、美好的体验，让他们在使用产品的过程中感受到新

奇与快乐，留下深刻的印象和美好的回忆。例如，一些创意家居用品的设计，凭借独特的外观和功能为消费者带来便利的同时，也给消费者的生活增添了趣味和色彩。这样的产品不仅能够吸引消费者的目光，还能赢得市场的肯定和认可。

（二）体验经济的融入有助于文化创意产品竞争力的提升

将体验融入文化创意产品的设计中是市场发展的必然趋势。这不仅是为了迎合消费者的需求，还是为了提升产品的竞争力。当其他品牌还在以产品的外观和功能作为营销重点时，以体验为价值核心的文化创意产品已经重新定义了产品的内涵。这类产品不再仅仅是一个物品，而是一种能够带给消费者独特感受和体验的载体。体验性产品能够满足消费者日益增长的个性化需求。只有那些能够提供个性化体验的产品，才能真正吸引消费者的目光。同时，体验性产品还具有互动性和情感性。这意味着消费者在使用产品的过程中，不仅是一个被动的接受者，而且是一个积极的参与者。他们可以与产品进行互动，通过与产品的交互来获得更深入的体验。这种互动性不仅增加了产品的趣味性，还让消费者更加深入地参与到产品的使用过程中，拉近了消费者与产品之间的距离。这种以体验为核心的文化创意产品将重新定义市场上的竞争格局。它不再与其他产品进行简单的功能和外观比较，而是提供了一个全新的体验维度。这将使这类产品在市场上获得领先地位，从而获得更大的市场份额。

二、体验经济的融入有助于文化创意产品综合效益的提升

（一）体验经济的融入有助于文化创意产品经济效益的提升

文化创意产品经济效益的提升与体验经济的关联愈发紧密。文化创意产品，如艺术品、音乐会、主题展览等，通过融入体验元素，能够为消费者创造独特的价值体验，从而提升其市场竞争力与经济效益。

首先，体验经济为文化创意产品带来了更多的价值体验。传统的文化创意产品主要满足消费者的审美需求和娱乐需求，但在体验经济的背景下，产品的价值体验得到了极大的拓展。文化创意产品不仅要注重产品质量，还要在产品设计、营销策略中融入体验元素，为消费者创造难忘的价值体验。

其次，增加产品的综合价值是体验经济对文化创意产品的又一重要影响。随

着消费者对体验需求的增加，愿意为优质体验支付更高价格的消费者也越来越多。因此企业可以通过提供优质的价值体验来提高产品的售价，从而实现经济效益的提升。这种综合价值的增加，不仅体现在产品本身的价值提升上，还体现在产品的附加值上。例如，与知名 IP 合作、打造独特的品牌故事等手段都可以为文化创意产品增加附加值，进一步提升产品的市场竞争力。市场的发展趋势也在推动文化创意产品向体验经济转型。随着生活质量的提高，人们的消费观念发生了巨大的转变。如今，越来越多的消费者愿意为获得愉悦的消费体验而支付费用。这种趋势促使企业不断地创新，以提供更优质的价值体验来满足消费者的需求。

最后，为了实现经济效益的提升，文化创意产品必须顺应市场的发展趋势，提供含有体验价值的产品或服务。这需要企业深入了解消费者的需求、挖掘产品的独特卖点，并运用创新的营销策略来推广产品。同时，企业还需要不断地进行产品创新和服务升级，以满足消费者日益增长的价值体验需求。

（二）体验经济的融入有助于文化创意产品社会效益的提升

体验是人们认识世界、理解生活的一种重要方式，它可以分为多种类型。第一种体验是娱乐体验，即通过各种娱乐活动，如游戏、电影、音乐等带给人们快乐，使人们能够暂时摆脱日常生活的压力和烦恼。在文化创意产品中，这种体验可以通过创意设计、互动形式等方式呈现，如有趣的互动展览、音乐节等。第二种体验是教育的体验，它通过各种教育活动，如学习、培训、参观等，使人们获得知识和技能，提高自身的素质和能力。在文化创意产品中，这种体验可以通过创意教育、文化交流等方式实现，如博物馆展览、文化讲座等，这能让人们在欣赏艺术的同时获得知识和启迪。第三种体验是逃避现实的体验，它通过虚拟现实、游戏等方式，让人们暂时摆脱现实生活的束缚和压力，进入一个全新的世界。在文化创意产品中，这种体验可以由创意游戏、VR 体验等方式呈现，如 VR 游戏、创意主题公园等，这能让人们在沉浸式体验中感受到不同的世界。第四种是审美的体验，它通过欣赏音乐、电影等方式让人们感受到美的存在和价值，提高其审美水平。在文化创意产品中，这种体验可以由创意设计、艺术展览等方式呈现，如创意设计展、音乐会等，这能让人们在欣赏中感受到美的魅力和价值。

（三）体验经济的融入有助于文化创意产品文化效益的提升

消费者在购买文化创意产品时不仅是购买一个物品，还是购买一种体验。这种体验来自产品的物质属性和功能感受，同时也来自产品蕴含的文化气息。

首先，产品的物质属性是消费者体验文化的重要途径。每一个文化创意产品都有其独特的材质、色彩、形状等属性，这些属性都反映了产品的文化特征和内涵。例如，中国的传统瓷器，其细腻的质地、温润的色彩和独特的造型都体现了中国传统文化的美学理念。消费者在把玩这些瓷器时，不仅能感受到其质地的细腻和工艺的精湛，还能体会到其中蕴含的中国传统义化气息。

其次，产品的功能感受也是消费者体验文化的重要方面。在不同的文化背景下，产品的功能和使用方式也有所不同。引入体验的概念，更能让消费者从感官体验上升到精神层次的高度。通过深入了解产品的文化内涵，消费者能够更加深刻地感受到文化的魅力，满足他们的精神需求和情感需求。这种体验不仅能提升消费者的文化修养，而且有助于传统文化的传承与发扬。

第四节　体验经济背景下文化创意产品设计实践

一、体验经济下文化旅游产品设计

（一）文化旅游发展现状分析

在过去的几十年里，我国的文化旅游业取得了较好的发展成绩，文化旅游产品的种类逐渐变得丰富，且不同的旅游产品之间特色差异十分鲜明，各种文化旅游产品的发展态势良好。休闲型、修学型、奇异型等文化旅游产品已逐渐成为我国文化旅游业的核心产品，竞争实力强大，不仅在国内旅游市场十分受欢迎，而且吸引了很多国际旅游爱好者前往，为我国旅游行业创造了可观的经济效益。不过我国文化旅游业仍然存在一些问题，制约着本身的发展。

1.产品形态单一，深度开发不足

目前，我国很多文化旅游产品的形式比较单一，内容大多为观光游览。同时，很多著名文化旅游景点的解说系统和内容都比较落后,展示方式简单、原始,很难吸引旅游爱好者和文化爱好者。游客在旅游观赏过程中只能通过导游的讲解或者景点内外设置的文字说明牌来了解景点的文化内涵,过程枯燥乏味,缺少有高技术含量的展示方式和解说方式。此外,很多旅游产品的展示方式都是静态的,游客很难获得较好的体验,缺少互动项目,游客的游览体验不够深刻,无法获得独特的旅游体验,进而导致旅游产品口碑不佳。文化创意旅游产品除了展示还能传播文化,让人们获得休闲体验、调节心情,但是我国大部分文化创意产品并没有将这些功能体现出来,游客在游览体验的过程中无法获得深刻的文化认知,更无法从中获得对人生的感悟。

2. 产品体验主题不鲜明,创新意识淡薄

目前,我国大部分文化旅游产品的主题都不够突出,雷同性很强,缺乏创新意识,尤其是我国的文化主题公园。我国目前有 3000 多个大大小小的主题公园,但是很多公园都处于亏损状态,只有少数经营得比较成功。对这些主题公园进行调查研究,很容易就能发现,那些经营不善的公园大多缺乏鲜明的主题特征,无法让游客获得满意的娱乐体验和审美体验。我国很大一部分文化主题公园在内容和形式上都在盲目模仿同类型公园,缺乏独特性和创新性,而且园内很多项目都是市面上常见的、普通的项目,它们大多与公园主题缺少联系,或者与公园所营造的文化情境无关,这就导致文化主题公园缺乏特色与深度,无法吸引游客。此外,我国大部分文化主题公园在经营方面缺少创新的意识与思路,园内设施陈旧落后、更新周期漫长,无法满足游客对新鲜项目和文化产品的体验需求,因此顾客重游率较低。文化主题公园缺少特色与创新也是限制我国文化旅游产业发展的主要原因之一。

3. 提升体验价值的文化旅游纪念品匮乏

纪念品是记录人们旅游经历的物品,也是将旅游体验社会化的一种工具。通过购买和分享纪念品,人们可以与他人分享旅游的经验和喜悦,从而提高旅游的价值。随着我国旅游行业的不断发展,我国一些文化旅游景区已经开发和生产出了一些具有当地文化特色和风土人情的旅游纪念品,有的景区甚至开发出了成系列的文化旅游纪念品,并受到不少游客的喜爱。如今,纪念品消费已经成为我国文化旅游消费中十分重要的一部分。不过,如今我国很多文化旅游景区的纪念品从设计开发到生产销售都存在很多问题，主要问题在于样式千篇一律，缺乏地方特色与文化特色，能够有代表性的纪念品更是少之又少，相反，饰品、仿古制品、挂件等在任何地方都能见到的商品很多。很多游客认为这类纪念品毫无纪念价值，没有收藏的意义，送人甚至也"拿不出手"。由此可见，这种千篇一律的文化旅游纪念品无法唤醒人们旅途中的美好记忆，也难以吸引游客购买。如何提升文化旅游景区的纪念品的纪念价值与文化特色，值得我们思考与探索。

（二）文化旅游产品体验化设计构想

从上述分析中可以看出，我国文化旅游产品的体验性非常差，借助体验化设计的相关理论，本书在此对文化旅游产品的设计原则与步骤进行详细的分析。

1. 设计原则

（1）多元化原则

游客获得体验的方式有很多种，如娱乐、休闲、教育等，不同的体验会让游客产生不同的感受、获取不同的价值。不同类型旅游者的喜好以及旅游需求也是不相同的。青年旅游者相对更喜欢能够亲身参与、娱乐性强、富有挑战性的项目；老年旅游者则相对更喜欢文物展览、古籍、博物馆等类型的旅游项目，这类项目通常能让游客获得参与感与愉悦感。因此文化旅游景区的发展也要坚持以游客为本的开发理念，注重为游客提供多元化的旅游体验，满足不同类型游客的旅游需求，力求设计类型丰富、特色鲜明的旅游产品，避免千篇一律的产品设计与服务，让游客获得最佳的文化旅游体验。

（2）整体规划原则

当今社会非常重视消费者的体验，文化旅游产品的设计应该以游客的体验为中心，从游客的需求和感受出发，创造有利于游客参与、互动、享受的体验空间，营造与之匹配的体验氛围。文化旅游资源是文化旅游产品规划的核心要素，但不是唯一的要素。除了文化旅游资源，文化旅游产品设计还需考虑交通、购物、饮食、住宿等服务要素，这些要素也会影响游客的体验质量和满意度。因此，文化旅游产品的设计应该将各种要素融合在一起，形成一个整体的体验方案，让游客在各个环节和细节上都能感受到文化旅游的魅力，留下深刻的印象。

（3）坚持创新原则

在体验经济时代，只有不断创新才能保持对消费者的吸引力。文化旅游产品也是如此，只有不断创新才能保持自身的特色，只有保持特色才能为游客提供新鲜的旅游体验，才能保持自身的与众不同，从而吸引游客沉浸于旅游体验之中。创新是文化旅游景区提升产品魅力与竞争力的主要手段，也是提高景区经济收益、维持发展的主要动力。

2.设计步骤

（1）设计合适的体验主题

文化旅游产品的主题是产生体验的基础与前提，合适的主题能够让游客在游览和体验的过程中留下深刻的印象，这也是提升游客体验的关键之处。当人们到一个文化环境与自己生活的地方有很大差异的地方旅游，主要的目的就是放松心情、缓解疲劳、感受不同的风土人情、游览不同的历史文化、满足自己的精神追求。因此文化旅游景区也应以当地的地理、历史等文化特色与优势为主，在文化旅游产品设计的过程中突出地方特色、发挥自身的资源优势，形成符合市场需求的设计主题，从而为游客提供完美的旅游体验，让游客在游览的过程中获得丰富的文化体验，从而为游客的文化人格养成提供养分。

（2）营造完整的体验氛围

游客的文化之旅是否难忘不只取决于主题。游客在踏上文化旅游目的地之后，他的游览活动、与其他游客的交流、与景区接待服务人员的接触与互动、与其他居民的交谈等一切活动的目的都是获得更好的旅游体验。也就是说，游客在这一过程中渴望完整的文化创意产品体验，这种体验是建立在完整的空间、时间、事物的综合系统之上的。因此文化旅游景区要将不同的文化旅游资源进行整合，并围绕景区主题营造完整的文化旅游体验氛围，让游客能够在与文化主题相应的完整时空环境中作出适当的行为，从而增强其旅游体验感。

（3）设计高度参与的体验项目

体验项目设计是文化旅游产品设计的重点，它直接影响着我国文化旅游行业的未来。一方面，为了提供给游客丰富多样的文化体验，文化旅游项目设计必须充分融入文化元素，并探索互动性强的设计与呈现方法，让游客参与其中。只有这样，才能让文化旅游真正呈现出其魅力，而不仅是表象的旅游观赏。因此，文化旅游企业应该善用现有资源，以景区及周边为舞台，以项目服务人员为表演者，以景点、设施等为道具，将旅游项目打造成集合不同场景的舞台剧。而在"表演"的过程中，游客参与其中，既是观众也是演员。这样的游览体验既富有趣味又让人印象深刻，游客在角色转换的过程中也能获得更加丰富的文化旅游体验。另一方面，文化旅游企业不仅应该提高静态文化项目的体验度，增加其活力，还应该加强动态文化旅游项目的开发和创新，让游客在旅游过程中获得更多的互动体验，产生身临其境的美妙体验，从而提高旅游项目的魅力，吸引游客再度重游，最终达到提高文化旅游产品收入的目的。

（4）加强纪念品的体验规划

在文化旅游活动中，纪念品的选择与购买是非常重要又普遍的环节，它直接影响着游客旅程的满意度。纪念品的体验设计应从以下两个方面入手。一是注重旅游纪念品的文化属性和地域特色，将当地优美的自然风光、独特的社会文化习俗、独具韵味的历史文化因子融入产品设计中，让纪念品成为文化的载体。二是注重纪念品销售人员和场所的文化气质的提升，打造有文化内涵、文化主题鲜明的纪念品销售空间。文化旅游景区应将纪念品销售空间建设成富有文化魅力的展示区域，同时对销售人员进行专业培训和礼仪指导，把握游客的观赏与购买等各个环节，针对其体验性进行设计与规划。旅程总会结束，但具象的纪念品却可以长久保留，游客每看到纪念品就会回想起整个旅游过程，回忆起自己旅途中的有趣经历和让人印象深刻的事件，其中，与服务人员的交流与互动是最能给游客留下深刻印象的环节。

二、基于感官体验的家居生活类创意产品设计

家居生活类创意产品是与人们日常生活密切相关的一种产品，它们不仅满足了人们的物质需求，还提升了人们的生活品质。在这种产品的设计过程中，体验是一个关键的因素，它影响着人们对产品的情感和认同。体验是人们在一定的时间、地点和环境中所产生的一种心理或情感上的感觉，它与人们的情绪、体力、智力、经验，甚至精神有关。设计师需要了解顾客对产品的体验反馈，并将其有效地运用到自己的设计中。

（一）感官体验在家居生活类创意产品中的重要性

家居生活类创意产品有着鲜明的二维性特征，即产品性和创新性。家居生活类产品设计在加入创意时尤其需要注重顾客是否能够认同这种创意，可以说顾客的个人使用体验是决定性因素。美国康奈尔大学博士伯德·施密特将不同的体验形式称作战略体验模块，并以此为基础建立了体验式营销架构。在他的理论中，战略体验模块有两种，分别是消费者心理和生理上的个人体验，以及必须通过与相关群体互动才能获得的共享体验。前者主要包括感官体验、情感体验等，后者主要包括行动体验、关联性体验等。

文化创意产品不仅要满足消费者的功能需求，还要赋予产品一定的文化内涵和设计品位，从而得到消费者的认同。家居生活类创意产品也是如此。这种认同是主观的，也就是说消费者的文化背景、生活环境和习惯等都会直接影响其对创意产品的文化创意的认同。因此，设计文化创意产品时要注重个人体验的因素，尤其是感官体验因素。消费者在接触文化创意产品后最直接也是最鲜明的信息反馈就是感官体验，如视觉、听觉、触觉等。消费者对产品产生的感官体验主要取决于产品的外部特征，如形状、颜色、材质、工艺等，消费者通过不同的感官对产品进行感知，从而产生不同的感受。换句话说，消费者通过五种感官对产品的外部特征进行认知，进而产生完整的感官体验。因此设计师要抓住顾客的感官反应，挖掘顾客反应的内涵与意义，并据此反推产品的形态设计特征，从而优化产品。只有这样，设计师所设计出的文化创意产品才能在众多的同类产品中脱颖而出。

（二）基于感官体验的设计方法

从感官体验的角度进行分析，市场上现有的家居生活类创意产品的创意主要体现在对产品的基本属性的设计上，缺乏深层次的主题挖掘和文化体现。使用这种简单的创意设计方法所设计出的家居产品与传统家居产品并无明显区别，在竞争方面的优势也不够明显，因此，设计师应当以创意产品的特性为核心展开创意设计，将重点放在满足消费者的精神需求上。

家居生活类创意产品是一种特殊的产品类别，它们的设计不仅要遵守一般的产品设计原则，还要突出自己的创意和文化内涵。这就要求家居生活类创意产品有一个明确的主题，让消费者能够感受到产品的独特魅力。主题是家居生活类创意产品的灵魂，也是区分自身与其他同类产品的关键。因此，家居生活类创意产品设计中对不同元素的设计都要围绕主题进行，包括形状、颜色和材质等元素。设计师要把抽象的文化创意转化为具体的主题表达，让家居生活类创意产品具有文化内涵和艺术价值。

创意产品设计要遵循主题性原则，而在体验设计当中，主题化设计也是创意设计的主要手法。因此在基于感官体验对家居生活类创意产品进行设计的过程中要抓住产品的主题，产品设计的各个方面都要与主题相呼应。目前，设计师主要采用两种方式来实现主题化设计：在不同的产品上使用相同的"元素"，在同一产品上使用不同的"元素"。这里的"元素"可以是直接作为视觉符号的图形，可以是反映产品特性的材料、颜色等，也可以是传递文化氛围或生活理念的隐喻。

（三）感官体验在家居生活类创意产品上的设计应用

家居生活类创意产品的概念比较宽泛，涉及的产品类型也十分丰富，以使用属性为标准进行分类，其大致可分为装饰品、家居和生活用品。家居生活类产品不仅要有实用性，而且要有艺术性和文化性，由于家居生活类创意产品有一定的装饰作用，很多时候它的文化属性已经远远超过了其使用属性。

创意类家居用品不仅能够提升人们的生活品质，还能够彰显人们的文化修养与生活品位。大部分时候，消费者在选购这类产品时，更看重的是产品所蕴含的创意和文化价值，其次才是产品的实用性。这类产品的设计灵感多来源于特定的文化背景或是某种生活理念，其设计所表现出的主题就是对产品设计风格和文化内涵的阐释。消费者理解和感受产品设计主题的途径是使用，他们对产品主题的感受是间接的。而设计师所要做的就是通过基于感官体验的设计将抽象的设计主题体现在创意当中，让消费者能够更容易地获取和理解，从而对产品的文化内涵产生新的认知。

对于基于感官体验的设计而言，从视觉和触觉两个方面探索产品设计的基本要素和消费者的体验反馈，是一种有价值的设计方法。设计师也可以借鉴其他设计领域的感官体验应用方法。此外，将不同的感官体验融于一个产品中也是创意设计领域值得探索和尝试的设计方法。

1. 以视觉造型为主的设计应用

色彩是人类视觉感受的第一要素，它能传达不同的意义和情感，给人以直观的印象，激发人们的购买欲。在基于感官体验的设计当中，色彩的运用要恰到好处，否则会影响产品的视觉效果。例如，阿莱西是一家专注于创新型家居产品生产的公司，它的厨房用品以色彩明亮为特色，成为家居生活创意产品的代表。现在，很多年轻人把烹饪当作一种生活乐趣，厨具也反映了他们的生活品位。创意厨房用品的功能是相对固定的，因此在设计过程中，设计师要在主题和创意表达形式上有自己的风格，要了解目标人群的喜好和流行趋势，满足他们追求新奇和个性的心理需求。色彩是一种比造型更直接的视觉元素，也更能给消费者带来深刻的感官体验，因此设计师要把色彩的运用与厨具造型、使用方式、生活情趣相结合，以发挥色彩的最大作用。

这种重视视觉要素的设计，以及以此为基础融合其他设计要素的设计方法适用于能够将设计主题通过视觉要素直接呈现的，且能够让人容易理解并产生共鸣的设计主题，一般都是比较浅层次的主题。在这种主题之下，大多会存在多个同系列的产品，从而增加主题文化的厚重感。

2. 以触觉感受为主的设计应用

家居生活中，触觉感受是一种重要的体验。而最重视触觉感受的家居生活类创意产品当属家具。家具作为家居生活的主要元素，不仅要满足消费者的功能需求，还要展现出设计主题。创意家具的设计应该在保证实用性的基础上，突出产品的主题性，让产品有自己的特色和风格。

此外，家具大多是单件，很少成系列，消费者需要在生活中通过使用和接触的过程逐渐感受其设计主题。家具的材料肌理以及触觉感受则成为消费者与产品进行交流沟通的媒介，这体现了设计师对消费者与自然融合的需求的满足，是一种关注消费者感官体验的设计理念。在使用这些家居生活类创意产品时，消费者能够不断发现让人惊喜的元素与内容。

3. 以通感手法整合多感官的设计应用

无论是文化内涵的表达，还是本身的形、色、质等要素的选取，甚至是产品所处环境的营造都必须围绕其主题展开。当无法利用单一感官来进行阐述时，就需要设计师整合多种感官体验统一运用，即采用通感的手法使消费者形成完整的体验感受。

通感的手法可以将多种设计要素做整合，给消费者一个层次丰富的感官体验，适用于难以以一种手法精确表达的或是比较抽象的主题。设计师必须对时下的生活方式敏锐感知，关注不同感官与产品的接触点，潜移默化地影响消费者的使用行为。在综合运用多种感官时，普通的日常行为也能产生新的感官体验。

家居生活类创意产品的最大特点在于完全是以人为中心的，它给人们带来的文化价值远大于它的经济价值。人们对于家居生活类创意产品的情感来自其作为文化、情感符号的主题象征意义，超越了一般家居产品所关注的功能性。

三、基于体验视角的智慧家庭系统产品设计

家是生活的港湾、快乐的本源、情感寄存的庇护所。而今，科学技术已将传统意义上的家变得更为多姿多彩。智慧家庭系统产品设计是以未来家庭生活情景研究为基础，以目标消费人群生活潜在需求为原点，基于"情景研究"和"潜在需求"来定义未来智慧家庭系统产品的概念，追求人在家庭环境中与各产品间和谐自然的交互方式，以及体验产品时产生的愉悦感受等。对于智慧家庭系统产品，近几年国内外都进行了大量研究与实践，其发展势头迅猛，已成为世界所关注的研究项目。

在产品开发过程中，用户更多关注产品将来做什么、能实现和完成哪些范围内的叠加服务。由此，用户体验研究快速融入产品设计的整个设计生产流程中，占据了产品创新的核心位置，更成为产品完美服务于用户的研究方法与手段。智慧家庭系统产品是消费主义文化的最直接体现，是解决未来需求的大胆创新，更是建立在用户未来愿景基础上的各种体验探析。本节借智慧家庭系统产品设计前端中如何进行用户研究、功能定义及交互框架设计等来解析用户体验设计要素在产品创新设计中的核心价值。

（一）智慧家庭开启智慧新生活

智慧家庭融物联网、自动化、计算机和网络通信技术于一体，也被称为智能家庭、智慧住宅。智慧家庭系统产品存在的意义在于它们具备能动的逻辑程序，

可以被人"随心所欲地控制"，可以更高效地、完美地帮人们处理生活问题。如今，许多国家已投入大量资金积极研发智慧家庭系统，例如，我国大力推进"三网"融合，增强各类技术的研发与对接。中国移动广东公司力推"智慧家庭"计划，海尔、创维、长虹等家电企业也纷纷斥巨资大力研发智慧家庭系统产品，并以电视产品作为智慧家庭的控制管理终端，展开了新一轮的家电产品设计、生产大战。韩国也已将数字家庭网络纳入国家战略规划。

智慧家庭项目的研究背景与内容是从用户使用和居住的层面出发的，是安全、轻松、快捷、愉悦、舒适、健康以及有良好视觉触觉感受的空间，是新的建筑形态、技术运用、材料引入、产品形式和生活状态的集合体，可实现持续发展和经济增长，实现与社会对接，其研究的出发点和过程探讨展现了用户体验设计要素的核心。

（二）用户体验设计要素提供范围广泛的产品和服务

用户体验并不是指一件产品本身是如何工作的，而是指产品如何与外界发生联系并发挥作用，也就是如何"接触"和"使用"的。它包含五个层面、十个要素，即战略层（用户需求要素、产品目标要素）、范围层（功能规格要素、内容需求要素）、结构层（交互设计要素、信息架构要素）、框架层（信息设计要素、界面设计要素、导航设计要素）、表现层（感知体验要素），它们共同解决功能型的平台类产品和信息型的媒介类产品在应用环境中的综合问题。

用户体验设计是产品设计整个流程中针对产品使用人群的心理、生理，产品与自身情感的相容性、契合性以及社会性等方面的设计、体验研究，其是一个系统设计工程，进行的是用户从最初认知产品到了解、使用、放弃整个过程中应用环境的问题发现与问题解决。用户体验设计所涉及的层面和内容相当广泛，需要战略高度、市场裁度、信息集合与分析、科技引导与技术支撑、人类行为心理评判与情感注入、美学考量与表现等。用户体验设计起到纽带和桥梁的作用，将人与产品有机地、合理地、共情地联系起来，实现产品物理层面的、精神层面的功能满足，解决了产品物理功能之外有关服务、协调、延续等的需求问题。

（三）智慧家庭系统产品的用户体验设计解析

科学技术的飞速发展改变了人与产品间的交互关系，即由过去的单向交互转换为双向交互。在这个产品供大于求的时期，消费者面临许多的选择机会，到底什么样的产品才能"锁定用户"？用户会从什么角度对产品进行选择？用户购买产品会从哪些细节考量？这些问题早已成为企业面对"用户选择谁"时迫切需要研究与解决的问题。

创建吸引人的、高效的用户体验方法称为"以用户为中心的设计"。智慧家庭项目研究前端着重解决的是"智慧家庭符合哪类人群需要，其行为特征及情趣爱好等有什么不一样的交互形式"的问题。为此，在研究中依据"阿贾克斯（Ajax）之父"杰西·加勒特的"用户体验要素"具体进行了用户需求、功能定义与框架设计、交互设计等的研究与测试，以体现出"用户体验要素"在项目前端研究中的不可忽略性和不可替代性。

1. 智慧家庭系统产品设计的产品目标与用户需求研究

用户体验设计的成功需要做到明确表达企业战略，告知产品目标和用户需求。用户需求分析即用户研究，它是产品整个设计流程的核心所在，其主要目的是定义设计的目标和限制，逐步理解受众和了解他们的行为。在项目计划确立后，如何进行合理的时间安排、有序的内容设置、正确的方法选用等流程将成为用户研究结论是否有用的关键所在。

针对产品目标，首先需要定义"谁是我们的用户"，采取定性和定量相结合的研究方式，对不同身份的人物进行深度访谈，收集用户的行为、日常生活习惯、与产品交互时的适时表现、对未来生活方式和生活形态特征的愿景等，利用统计产品与服务解决方案（SPSS）软件统计、分析调研问卷并制作数据图表，洞察分析并挖掘"智慧生活"的现实需求和潜在需求，并确立基于核心理念的智慧家庭的目标人群。

明确了用户是谁后，智慧家庭项目创建了两个有代表性的人物角色，并通过情境故事描述、动画表达等体现人物角色的生活、工作场景，行为特征等。

2. 智慧家庭系统产品设计的功能定义研究

明晰产品目标和用户需求后，项目需要进一步研究的是给目标用户群提供具体的内容需求和产品功能定义，这一层面被杰西·加勒特称为范围层。它需要进一步确立目标用户的需求，详细人物角色档案，构建具有相似功能内容的相关企业的档案，理出符合企业目标的功能定义和框架。

3. 交互框架及界面设计

交互设计关注于描述"可能的用户行为"，同时定义"系统如何配合与响应"这些用户行为，给用户确定将要呈现的要素的"模式"和"顺序"是交互设计强调的重点。在智慧家庭项目中，"交互"包含的意思是：电视作为控制管理系统的终端产品，怎样才能让用户通过电视屏幕顺利地与手机、电脑进行三屏互动；怎样控制家庭环境中的灯光、安全系统；与网络等技术怎样适时共融、互相作用产生影响和感应等。具体设计时，首先需要将前期研究的用户工作方式、行为习惯和思考形式、审美情趣等加入交互框架结构与界面设计中。智慧家庭系统产品设计的功能导航涉及面广，因此项目组重点导入"智能灯光""照片处理"功能进行交互框架及视觉界面设计（图4-4-1）。

图 4-4-1　智慧灯光系统

用户体验设计要素包含的知识内容相当广泛，从某种意义来说，它已逐渐成为工业设计研究过程中不可缺少的方法与手段。智慧家庭系统产品设计中的用户体验设计仅仅是研究的开始，在项目深入执行的过程中，用户体验设计的五个层面和十个要素将贯穿整个流程。

在以"创新"行为来改变和提振全球经济的今天，"创新"理念已成为工业设计服务社会的重要利器，而创新的关键是需要企业、社会用心关注消费者即产品用户本身的需求。如今，以人群细分为特征的消费主义文化也正改变着需求本体，因此，利用用户体验设计要素对产品实施以用户为中心的设计将成为工业设计服务社会的核心内容。

四、基于体验视角的实体书店设计

英国《卫报》曾评选出了世界 12 家最美实体书店，位于中国南京的先锋书店（图 4-4-2）榜上有名，这 12 家最美书店从内部的展示设计到装潢装饰风格都是一道风景。在实体书店发展普遍低迷的今天，最美书店的评选使大众突然意识到书店不仅需要"内涵美"，而且书店的"外在美"对现代都市人的文化生活也很重要。

图 4-4-2　南京的先锋书店

（一）由单一化图书销售向多元化文创销售的转变

售卖与阅读相关的文化创意产品逐渐成为全球实体书店的一大特色，充满创意的 T 恤衫、笔记本、彩色铅笔、陶瓷制品、帆布袋等文化创意产品逐渐出现在众多书店卖场中；书店与咖啡馆、餐饮业的混搭式营销，使单一的图书营销业取得了良好的口碑与经济效益。以 2011 年在全国书店业寒潮中逆流而上的广州方所书店为例，与其说它是书店，不如将其定位为美学生活体验馆。将近 1800m² 的空间内，人文、艺术、设计类的美学生活产品占到了 60%，还有自主设计的品牌服饰。方所策划总顾问廖美立认为，"现代实体书店已经不再单纯是书店，而是文化平台，是一种未来都市人的生活形态"[①]。这种扩大经营范围的混搭复合式

———————————
① 张春彬.体验经济背景下文化创意产品设计的研究与实践 [M]. 沈阳：辽宁大学出版社，2019.

营销模式革新了传统书店业单一化的经营理念，逐渐成为众多实体书店争相模仿和复制的对象。南京先锋书店也意识到跨界经营模式的可观效益，目前已自主研发了包含艺术相框、手工玻璃、木刻版画在内的 2000 余种创意产品，创意产品销售占书店总销售额的 40%。在实体书店普遍不景气的今天，这些成功转型的书店范例具有极大的借鉴意义。

（二）实体书店内多元化的服务体验

图书是有形的，但消费者在购买图书时所体验到的服务是无形且难忘的。服务与消费者之间的互动刺激了消费者的购买欲，加强了消费者对书店品牌的认知，这一过程也提高了图书本身的价值。消费者往往享受的不单纯是图书本身，而是一种具有商品属性的体验。与实体书店相比，"便利"与"低价"的网络书店显然在体验和服务方面不占优势。在"后书店"时代，图书在书店中可能仅占一部分，到书店约会、品尝咖啡、读书、购买有意思的纪念品、参加社会文化活动或将成为都市人的一种时尚。由此可见，众多实体书店备受青睐的原因，并不只是书籍，还有休闲化的服务功能。无论是大型连锁综合式书店卖场，还是小型的特色主题书店，都着力于为消费者提供更好的体验服务。温馨典雅的灯光氛围、清晰明确的导视系统、人性化的空间布局、全天候的营业时间等使消费者的感官通过视、听、用等多种方式被充分刺激和调动，形成了深刻的记忆，从而促进了书籍的营销、实现了品牌效应的增值、带来了较高的文化经济效益。

如果需要为读者提供更好的服务体验，那么提升书店的装潢品位便起到了至关重要的作用。灯光、咖啡、书香与音乐的综合氛围体验可以使消费者的情感因素得到激发，在这种氛围中买书便成为一种深刻而值得回忆的体验和经历。那些被赋予了新形象的书店，秉承以人为中心的设计理念，将读者的阅读及消费体验重新定义和设计，触发了消费过程中的兴趣与情感，不仅提升了空间设计的人文美学意蕴，还引领了现代人的全新生活方式，使散发着墨香的书与提供优质阅读体验的实体书店找到了网络书店不可替代的价值。

（三）文化创意产业视角下的实体书店体验设计

1.人性化的书架设计与图书展陈

体验式营销理念下的书架与图书展陈设计越来越呈现出人性化的特点。为了适应顾客的观察习惯，图书的陈列设计已经将人体工程学纳入考虑范畴，许多书架的侧立面都采用倾斜 30° 角的设计。同时，考虑到大部分人的平均身高，通常将书架 1.7 米以下的空间设计为主要展示区域，而 1.7 米以上的空间则被设计为存储藏书的区域。书架下方也不再是冰冷的大理石和瓷砖，而是替换为可供人盘坐的木地板。在书店的儿童专区或以儿童书籍为特色的书店，书架的高度设计、弧度无尖角的设计，以及软装饰的设计，皆是针对儿童身高特点与安全因素所做的考虑。近年来，书籍设计水平的整体提高也间接影响到书架的设计形态，以往并列书脊式的图书陈列方式只能让人看到书脊，而不能完全欣赏到封面，因而平台式书架的普及就为书籍的外在美提供了更好的展现空间。

书架与图书展陈设计越来越能反映书店的主题特征。在大型连锁书店的儿童专区或以儿童绘本为特色的主题书店，为了彰显书店主题、吸引儿童和家长读者，模拟卡通动物、植物、房子的异型书架设计逐渐普及，书架色彩及材质的运用也更多地考虑到儿童和家长的视觉心理。有的主题书店为了突出书籍本身，往往使用明度较低、对比较弱的色彩，淡化书架自身的存在感。在书架材质的选择上，原木、铁艺、硬质塑料等不同材质能分别传达自然感、复古感、现代感等不同的视觉心理感受。装潢设计师对设计材料的把握也开始更多地考虑到书架和书店的主题特征与情调氛围的融合度，在图书展陈方式的发展与探索中，新型材料的运用正在普及。

2. 多样化的空间布局与功能分区

当创立于 1987 年的英国连锁书店奥塔卡将供人休息的沙发和展示区融入书店的装潢设计后，很快就引来众多书店的效仿，顾客均表示十分乐于在沙发上享受书店温馨休闲的阅读时光。的确，为了满足现代人多样化的生活需求，书店的空间功能也逐渐呈现出多样化的特点，除了设置专门展陈图书的区域，书店还设置供人休息的咖啡区、文化创意商品展示区、亲子活动区等与阅读服务相关的周边区域。这些新兴空间的布局并非与图书展示区有秩序分明的隔断，而是与图书展示区融为一体。

为了提升体验式营销服务水平，书店经营者开始在个别书种的展陈区域开辟开放式的体验空间。比如，在经营厨艺类图书的周围专门开辟出一处公共厨房，并定期聘请知名厨师前来展示与教授厨艺。前来买书的读者不仅可以与这些美食家进行交流互动，还可适当花费来品尝其烹饪的菜品。这种关联产品售卖的模式促进了总销售额的增长，增加了读者买书过程中的趣味性。再比如，许多书店在空间布局设计中巧妙地融入摄影展览、电影放映、新书发布等文化活动职能，其空间功能具有多样化的特征。另外，在众多实体书店的空间设计上，阅读体验区开始明显呈现出扩大化的趋势。

　　3. 一体化的品牌形象与氛围营造

　　品牌形象设计就是借助视觉传达设计手段，利用标志、字体、标准色、广告口号、材料质感等设计元素来增强信息传播效果，提升品牌感染力，塑造有排他性的品牌形象。越鲜明的品牌形象设计越能加深消费者的记忆，为书店市场宣传起到关键作用。比如，南京的先锋连锁书店有统一的平面标志、立体金属标志、店面颜色设计、环艺装饰设计等一套完整的品牌形象设计。虽然不同分店会根据自身环境在装修结构上略作调整，但其统一的标志与色彩使顾客一目了然。树立品牌形象最大的好处是，一处分店成功，就是所有分店的成功；一款产品或服务的成功，就是所有产品或服务的成功。

　　注重自己品牌形象的提升正在向文化创意产业过渡的实体书店中形成一股风潮。着力向文化创意品牌过渡的方所书店、先锋书店等民营书店也开始在自营商品上打上品牌标志，借以突出品牌形象。

　　向文化创意产业转型的实体书店越来越注重通过照明灯光、家具陈设、环艺景观等的整体视觉设计来营造书店的环境氛围。品牌形象与环境氛围的和谐统一决定了书店的艺术品位，也给消费者带来了最为直观的视觉心理感受。不同主题特色的书店，环境氛围的设计也呈现出不同的风格特点。当消费者走进书店的一瞬间便能在视觉、听觉，甚至嗅觉的刺激下融入实际文化空间，这是网络书店无法替代的。灯光色彩、家具陈设、环艺景观与建筑本体对书店整体的氛围营造起到至关重要的作用，被评为全球最美书店之一的荷兰"天堂书店"（图4-4-3）就是借助灯光、环艺、建筑特点来营造书店整体氛围的经典范例。它的前身是一座历史悠久的多米尼加教堂，设计师有意将现代元素与哥特式建筑风格相结合，既保持了教堂庄严肃穆的氛围，也与"天堂书店"的主题不谋而合，在整体氛围营造上充分彰显出古典与现代相融合的设计气息。天光透过绿色的教堂玻璃窗散射下来，室内高耸的尖拱形内壁上便泛出宝石般神秘的绿色，在天光照射不足的下方空间，设计师采用酪黄色暖光灯进行补光照明，使墙壁和阅读区呈现出暖色，这种上冷下暖强烈对比的环境氛围为顾客营造出一种神秘的感觉。

图 4-4-3　荷兰"天堂书店"

4. 个性化的主题风格设计与符号化的地域特征

面对大型连锁书店卖场的竞争压力，许多小型独立书店不得不寻找自身的特色与个性来吸引读者。世界上的主题书店涵盖文化艺术书店、旅游书店、宗教书店、少儿书店、白领书店、小说书店等。各式各样的图书主题显示了书店经营者的社会政治立场，也体现了书店主独特的文化兴趣与审美取向。

位于英格兰西部斯塔福德郡的漂流书屋是一家风格独特的船坞主题书店，书屋是停泊在巴顿海滨的一艘小船，船舱内堆放了琳琅满目的书籍。读者在船舱内阅读的同时，也能感受到小船随波摇曳的感觉，这样的体验使整个书店别有一番风情。在国内，结合不同经营特色的书店设计也呈现出个性化的精神风貌。深圳的"尚书吧"（图 4-4-4）就是一家富有个性的书店，书店内既有明清红木家具，又有西式吧台沙发，设计风格融传统与现代、东方与西方为一体，读者既可以在"红楼梦"般的帷帐中喝茶怀古，也能在欧式的大沙发上品味红酒与雪茄，这些视觉元素的交相辉映使书店的阅读体验多了几分别样情怀。在北京也有各色的主题书店，如主营女性图书的雨枫书馆、因地处北京大学而主营学术图书的万圣书园、主营艺术设计类图书的时尚廊等。

图 4-4-4　深圳的"尚书吧"书店

　　大型复合式连锁书店也开始在书店装潢设计风格上寻求地域性的文化特色。例如，主营书法字画、名人传记、文化图书的雁翅楼 24 小时书店位于北京地安门，紧邻后海、南锣鼓巷等众多文化地标古建筑的聚集地。在宽大的台基、柱础、斗拱、红漆木门、匾额等中式建筑元素的映衬下，书店自然也就成为符号化的地标建筑，在夜晚的路灯照射下显得格外醒目。

　　实体书店是城市精神的向度，犹如静静守望的树荫，抚平着都市间的嘈杂与浮躁。一个城市若失去了那些有品位、有风格的书店，就会逐渐丧失自己的文化内涵从而走向乏味。纽约的高谈书集、旧金山的城市之光书店、巴黎的莎士比亚书店（图 4-4-5），这些历史悠久、充满人文情调的书店在很多人看来已成为城市人文精神内涵的缩影，是塑造城市文化生活必不可少的一部分。越来越多的书店经营者逐渐意识到为书店注入灵魂与内涵的重要性，如先锋书店的"大地上的异乡者"，三联书店的"读书·生活·新知"。在漫长的历史传承过程中，实体书店潜移默化地给人们灌输着文化信号，引导着一种生活方式和文化精神，实体书店正逐渐演化为城市的精神符号与文化地标。

图 4-4-5 巴黎的莎士比亚书店

优秀的书店装潢设计是传统书店实现品牌增值的重要软实力。如果能实现商品定位、文化交流、休闲娱乐与环境审美的和谐统一，实体书店就会迸发出各类经营要素协同整合的能量，创造出精彩的业绩。总体来说，在体验经济来临的今天，实体书店等文化类建筑空间在新时代背景下进行的整体视觉重塑，反映了体验设计的价值与意义。书店装潢美学的提升使读者得到了更好的阅读体验与购买体验，这一趋势反映了书店整体营销策略的转变。在体验经济影响下的实体书店设计，秉承了以顾客为中心的服务宗旨，强调阅读体验，追求整体设计的和谐统一，逐渐完成了从图书卖场向文化体验店的转变。

五、基于体验视角的端游产品设计

（一）研究端游产品用户体验设计策略的意义

用户体验设计策略即能够改善用户对产品体验感受、增进产品和用户之间感情的方法，其主体为企业战略层。企业为用户推出产品的目标就是创造优质的和令用户难忘的体验，不仅要满足以人为本的设计需求，还要加入更多的互动交流。而最终结果是让用户能够更好地发挥其社会作用，让主体创造相应的效益。

在体验经济时代，产品能否超越其本身的功能而给用户带来更多种类的体验变得越来越重要。产品的游戏化和娱乐性被看作人类本性的回归，游戏在任何时间段都是人类社会发展不可或缺的部分。随着信息技术服务化的延伸，产品也在从物质向非物质方向发展，客户端游戏产品正是为了满足用户娱乐需求和休闲欲望而创建的用于经营的虚拟载体。非物质性的存在要求其通过与用户的交流互动来影响用户，因而用户体验成为吸引用户的重要砝码。用户体验设计在端游产品中的发展极具悠久性、迅速性和前沿性，端游产品作为当前市场上的佼佼者，不但拥有上千亿元的年营业额，还拥有庞大的用户群体，其中许多设计策略是非常值得深入研究和借鉴的。

（二）提升端游产品用户体验的设计策略

1. 个性化与自我实现策略

人与人之间的个性不尽相同，对个性化的需求是人们求新求异天性的表现。人们越来越希望具有自己的特殊性并得到认可，提供个性化的产品和服务可有效地满足用户的需求，同时体现了"以人为中心"的设计理念，给用户带来强烈的自我满足感和优越感，而这恰恰也是用户体验的核心内容。个性化定制的设计方式能够激起大脑的反应并在短时间内取得用户的关注，玩家按照自己的个性打造心爱的英雄、提升自己游戏体验的同时还能影响其他玩家。人类在满足基本需求之后会追求更高层次的体验需求，自我实现则是最高层次的需求，也是人们对个性化追求的升级。用户不再满足于接受现有的产品，而是更加希望能按自己的需求和理念与企业共同开发产品、得到心理上的期待与共鸣以及实现自我价值，从而得到更强烈的成就感和归属感。

2. 多方位感官刺激策略

体验是通过大脑对感官接收信息的综合处理所产生的，对感官的刺激程度会直接影响用户体验的质量。客户端游戏产品没有形态上的真实载体，其虚拟存在更加依赖视觉和听觉来和用户交流。视觉是感官接收信息的最重要部分，通过设计来创造视觉体验是体验设计的基本要求。

视觉方面可通过色彩和画面形态的视觉要素来为用户提供体验服务。色彩具有装饰和象征的作用，色彩设计的优劣直接影响到端游产品的质量和用户第一印象。在色彩设计中，局部采用冷暖色、对比色与互补色形成强烈的视觉对比与刺激,同时整体又通过运用合理的明暗搭配和色彩的调和来达到视觉的均衡。在画面形态设计上,体验设计应遵循视觉审美的规律,采用具有设计美感的比例和尺寸,如黄金分割比例,通过点、线、面的交替变化与重复性使用以及动画效果的合理利用,整个画面形态充满节奏感和韵律感,带来丰富视觉冲击力的同时也可防止产生视觉疲劳。

听觉方面主要通过音调的高低和声音内容设计来刺激用户的听觉系统、满足用户的需求。用户在进行操作时会有不同的语音说明来指导自己,其通过音调的高低起伏变化来进行危险信号等信息的提示,并且游戏内的人物也都有不同的声音和台词设计,这些都能够很好地与用户产生交互并拉近距离,让用户沉浸在游戏的视听盛宴之中,在满足玩家娱乐需求的同时保持持久吸引力。

3. 便捷易用策略

好的产品应让人易学、会用,一款端游能否让玩家快速认识并喜欢,很大程度上取决于其上手难度。简单的人性化操作提升了游戏的易用性,自然就很容易增加新的用户。在界面和导航结构上的设计应更加简洁和明确,对技能操作键进行统一设定,玩家也可以根据各自的习惯设置快捷键,降低操作难度。在道具商店界面,以物品的属性进行分类排列,减轻玩家的记忆负荷。无用信息的堆砌不但不符合视觉规律,反而会对有用信息的接收产生巨大影响。因此,技能和属性状态等关键信息的设计应在颜色、大小和位置方面进行有针对性的规划设计以提高其辨识度。这些都将玩家的操作体验放在了第一位,以帮助游戏玩家更加轻松地体验游戏带来的乐趣。

4. 关注特殊用户策略

关注特殊群体的设计是人性化设计的重要体现,如何让特殊人群享受和常人一样的体验也是设计工作者面临的重要任务和挑战。特殊人群由于存在视觉、听觉以及肢体上的障碍,其心理上对产品的体验需求会更加强烈。因此,端游产品应在色彩、画面、音效设计和按键设置上投入更多的思考。游戏英雄联盟的默认正常模式中,己方血条和敌方血条分别是红色和绿色的,患有红绿色盲的玩家在游戏时就不能够迅速分清敌我,从而带给其不愉快的体验。开启色盲模式后,己方血条变为黄色,这样色盲患者能够及时分辨、缩短反应时间,使游戏过程更加畅快。

5. 更新与保留用户策略

按阶段推出试验产品让市场反应来验证其合理性、及时优化产品并让其在用户反馈中成熟，是互联网产品应遵循的准则。客户端游戏产品会频繁地推出更新并且开放测试服务器进行新功能测试和寻找游戏漏洞，这样设计团队可以更加有针对性地改进游戏，最大限度地跟进玩家。用户体验的本质就是通过产品和服务来与用户形成互动，并通过这种互动激发用户的内心感应。因此，客户端游戏产品在获得大量用户的同时也没有忘记如何留住这些用户，会在特定时间推出限量的游戏模式和内容，官方也会向广大玩家征集创意性的想法、举办电竞赛事以及打造丰富的周边产品，与用户真正地互动起来。

（三）对传统产品设计的启示

当前互联网的高速发展使传统产品面临着巨大的挑战，对客户端游戏产品用户体验设计策略的研究，对传统产品设计也具有重要启示意义。

第一，提供更多机会让用户参与产品设计过程，开展多种渠道收集用户个性化的创意、创新思路，这是产品创新设计获得成功的关键。同时，产品在个性化设计方面的思考需要打破一般规律，以区分同类产品，从而创立自身的独特个性、吸引消费者的视线。

第二，现阶段科技发展迅速，许多新材料、新技术不断出现，这要求传统产品设计不能再局限于造型色彩的单一层面上，而应在注重易用性的同时，充分利用新技术和新材料的特点，在视觉、听觉、触觉和味觉等多方位感官刺激上多做文章，以激发用户的使用兴趣。

第三，传统产品设计虽然在便捷、易用方面也很重视，但只有对便捷、易用性设计层面进行更加细化研究，充分将其细节和人文关怀体现出来，才能更加接近用户的需求。

第四，传统产品设计在用户调研方法上应当更加丰富，充分了解各个用户群体需求，尤其要关注特殊群体。对需求的研究既要全面又要有针对性，才能转化为有意义的设计。

第五，传统产品的开发流程和产品投放应更加高效，通过市场反应来检验优化产品，以降低产品开发成本。后期还要对产品使用情况和用户反馈信息及时追踪接收和整理研究，与用户保持频繁的信息交流。同时，需要更多地考虑产品的可扩展性和可持续性，通过多元化的发展来吸引用户，注重品牌理念的传承，这样才能保留已有用户，并推动产品向更高层次发展。

总之，产品是用来服务用户的，用户的选择体现了产品设计的优劣，利用用户体验设计策略对产品实施创新设计将是工业设计服务社会的重要方向。拥有出色的用户体验可以使企业在竞争中处于优势，良好的体验会让用户记忆深刻、形成对企业品牌形象的持续关注和信赖。设计师应该重视产品体验的创造、加强对产品体验的创新、掌握体验设计的相关规律，以用户体验作为产品设计的出发点和创新点，这是时代发展的必然要求，也是未来产品设计的发展趋势和重中之重。

六、基于体验视角的陶瓷产品设计

一直以来，陶瓷产品在日常生活中扮演了重要角色，它们虽然可以"冷漠"地完成由设计师的理性所赋予的"实用"任务，但是往往忽略了使用者的心理情感，而人们又一直期待精美的陶瓷能够触动自己的心灵、带来心理的体验。因此，将以用户体验为中心的设计思路融入陶瓷产品设计具有重大意义。强调用户体验就是从人的感知、体验的角度研究使用者的深层需求、行为习惯、思想情感，以此来指导陶瓷产品的设计，生产出消费者有用、好用、愿意用的陶瓷产品。

（一）基于用户情感体验的陶瓷产品设计

用户体验和使用者的情感是密不可分的。在心理学中，情感是人对一定事物或一定现象形成的情绪态度，而体验则被解释为个人在亲身经历的基础上，通过情感评价，对事物关系进行价值判断的心理活动。在用户体验的过程中，情感是体验建立的评价标准，有什么样的情感，就会形成什么样的体验。而在日常生活中，人们会以自己的情感来描述对某一产品的体验，如愉悦的体验、温馨的体验等。因此，用户体验在很大程度上可以理解为使用者对产品的情感评价。

用户体验下的陶瓷产品设计要注重使用者的情感。在物质日益丰富的今天，陶瓷产品设计关注的重点不应仅停留在使用功能的优化之上，而应该满足人们更高层次的需求，将情感渗透到人类设计造物的活动中。陶瓷产品的设计应更加注重人的精神需要，这种需要能引起更适宜的主观体验，使人产生更大的幸福感。而就目前陶瓷产品设计的现状来看，大多数陶瓷产品设计都是基于功能性的设计，仅在传统造型上应用各式纹样进行装饰，以增加产品美感，加深消费者对产品的印象，从而促进销量。而这种只注重实用功能的陶瓷设计仅以满足人的生理和生存需要为目的，并不能满足物质丰裕时代人们的精神需求。设计师固然要注重实用功能，但应该更加注重陶瓷产品在形态上、使用方式上的创新，通过这样的创新，产品能够引起使用者的情感共鸣。虽然纹样有其不可替代的装饰作用，能够唤起使用者的审美心理并激发一定的情感认同，但是装饰纹样并不能作为陶瓷产品设计情感体验的主要手段。许多日用陶瓷产品设计长期徘徊在"功能造型"加"各式图样"的设计定式中，这些功能单调和装饰花哨的产品造成了使用者逐渐对身边熟悉的日用陶瓷产品的审美淡化与情感体验的缺失。

陶瓷产品的情感体验应从使用者的情感出发，探索充满情趣的新形式、新功能和新装饰，以实现对使用者情感和体验的充分唤起。人的情感虽然是一个模糊、难以量化的概念，但也是陶瓷产品设计师必须注重的因素。情感诉求作为现代产品设计中深层次的追求，设计师应该为此做出巨大的努力，把情感需求融入日用陶瓷产品设计中。设计师要深入研究各种特定人群的情感需要，从用户的情感需求出发进行设计，让产品唤醒人们的情感，激发市场潜力。

（二）基于用户行为体验的陶瓷产品设计

行为体验是基于人的日常生活习惯及生活经验而形成的。美国心理学家斯金纳指出："心理活动并不能产生行为，相反，它们都是环境刺激引起的行为样本。"[①]合格的产品设计师应对不同用户的使用行为进行调查研究。传统的陶瓷生产方式给使用者附加较为传统的使用方式，一切合目的的使用行为都被预设在工匠精工细作、保证实用功能的程式化的陶瓷产品中，并辅之以各式各样的装饰图案，在功能、形态、使用方式、使用环境上极少有创新。

人的行为千姿百态，设计师以使用者行为体验为中心进行陶瓷产品设计，除了考虑功能设定，还要具备更多的创新意识，从人们在日常生活中点点滴滴的使

①　万祖兵.基于体验经济的文化创意产品设计与应用研究[M].长春：吉林人民出版社，2021.

用习惯和行为方式入手，创造出新的使用方式，给人们对陶瓷产品的使用过程创造多种新的可能，使人们对产品产生满意评价。在美国认知心理学家唐纳德·诺曼提出的人的本能的、行为的和反思的三个层次中，行为层次和反思层次是我们设计思考的重点。一般来说，体验行为越具互动性，使用者就越是乐于参与到行为互动中，越能创造难以忘怀的行为体验经历，从而给体验者留下长久的印象。

（三）基于用户思维体验的陶瓷产品设计

用户思维体验有很广泛的含义，它是指用户在使用一件产品时，由产品的形式、功能或使用方式等引发的思维过程。它可以是对产品造型的联想，也可以是由产品使用体验引发的回忆等，它注重的是信息、文化以及产品的语意、效用等在使用者思维中的解释和再现。

思维是人脑活动的内在形式，主要会受到后天环境的影响。思维方式也是一种认识过程，作为存在方式内化结果的思维方式既包含认知结构，又包含价值结构。正因如此，思维方式具有受个人性格、气质和经历等影响的特点。此外，用户思维体验还与文化背景、风俗习惯、个人经历等诸多主观和客观的因素有关。

一款陶瓷产品的设计，在使用者眼里是什么样子，或许只有使用者自己知道。人们会以自己习惯的方式来消费和使用陶瓷产品，以自己的情绪、心境和性格来诠释它是什么、像什么、怎么样，并通过这种方式进行评价。

用户思维体验往往能够给使用者留下极其深刻的印象，激发强烈的购买欲望，如某些怀旧风格的产品设计特别能引起有着相同时代经历的消费者的共鸣。某种怀旧的心理情节，可以作为陶瓷产品设计的切入点，使陶瓷产品与人产生沟通与交流。使用者假借产品设计的理念，享受物质带来的特定思维体验，如由德国Kanera公司推出的陶瓷洗漱台（图4-4-6），几何型线条打破了传统同心对称式的造型，设计理念讲求"诗韵"，让人体验水所包含的诗意之美，把使用者带到山林间小溪流水的美好情境，把人美好的情感诉求拉回到曾经的记忆之中，并由单纯的感官体验上升到以行为体验为基础的思维体验。

图 4-4-6　Kanera 公司的陶瓷洗漱台

　　将用户体验的设计观念融入陶瓷产品设计将会给日用陶瓷产品的发展带来新的契机。从认知层面上研究人的思维、习惯、心理情感是体验设计的重要法则。"人"应是设计师需要研究的主体，也是创造的主体。

第五章　设计美学视角下的文化创意产品设计

本章为设计美学视角下的文化创意产品设计，一共分为三部分：设计美学的概念、设计美学视角下文化创意产品设计的意义与特征、文化创意产品设计的美学实践。

第一节　设计美学的概念

一、美学的含义

在 1750 年，鲍姆加登这位德国哲学家首次阐述了美学概念，主张人们要将艺术融入哲学体系，使其具备独特的地位和意义。因此，他开创了一个全新的领域，专门研究人类感性认知的过程，并将其命名为"美学"（Aesthetics）。

美学专注于探究人类与全球审美互动的关系，也就是说，美学主要研究人们的审美行为、某一物品所产生道德美感、人们积累的美感经验，以及美的本质和美在社会生活中的作用。作为一种精神文化活动，审美活动以意象世界为中心。此外，美学是哲学范畴中的一个下级学科，这个专业是哲学的一部分。对于大学生而言，他们应学好哲学并掌握一定的美学知识，这样才能更好地服务于社会。而要想精通美学，我们不仅需要夯实哲学基础、提升自身的艺术修养，还要掌握批判性思考和感性体验的技巧。美学研究的内容涉及社会生活中的诸多领域，如心理学、文艺学、人类学、语言学等。

美学这门学科，探讨的是美的概念、思想的结构以及组织这些思想的逻辑。研究美学就是对美这个概念进行探究，探究美的属性、创造和欣赏方式。美学思想是对美感进行探究后得到的思维理解，包括审美的理论和美学价值的评判，而美的创造涵盖了保持美的思想与维护美的思想。

二、设计美学的含义

"设计美学"本质上是一门综合了哲学、文化、技术和设计的学科，其跨越了东方和西方文化。设计美学一直是美术史、建筑史和技术史等学科的一部分，并在人类文明的历史中扮演着重要角色。虽然在古代，人们并没有使用"设计美学"这一词语，但是与设计美相关的概念和理念却广泛存在于世界各地的文献和著作之中，同时它也反映在历史上众多具有创新性的人工制造品中，如各种建筑和各种器物等。设计美学不同于设计史或设计艺术，它是一门关注设计原则和审美的学科，主要研究和探索美感的表现。设计美学涵盖设计对象的外形、色彩和装饰，还融入了哲学思考的元素和维度，能够展示各种文化、各个民族和不同时代的生活方式和价值观。设计是人类创造的产物，它是计划、行为、哲学、美学和文化等多个方面融为一体的具象表现，是人类智慧和创造力的体现。设计美学可以被看作是某一特定时代或民族审美理念的体现，它可以反映特定时期或特定群体在美学方面的兴趣和追求。设计并非仅仅通过唤起情感或传达道德准则来创造作品，其主要目的是给人们的日常生活提供实用性服务，以及为人们的居住、饮食和出行提供形态、色彩与装饰。设计的作品可以持续借助形式语言对我们产生影响，即使我们没有特意去欣赏，这类作品也会在潜移默化中培养我们的审美意识，进而影响我们的审美判断。

设计不仅具备功能性，还具备技术性这一显著特点，无论出现在哪一个时代的设计，都会或多或少地存在该时代技术成就的痕迹。设计的风格与审美特点往往与设计品所使用的材料和结构等因素紧密相连。尽管设计会受到艺术流派的影响，但也可能独立于艺术观念的演变而产生变化。技术的进步可能会为人们带来设计风格上意想不到的改变和发展。在设计的演变过程中，人们不仅注重功能性，而且追求美学，会创造一些同时具有实用价值和美感的工程技术成果，采用穹顶结构的建筑就是典型案例。通常情况下，技术进步能够有效推动设计美学风格的转变。现代设计所呈现的机器美感与后现代高科技风格就是技术进步所带来的结果。就实际情况而言，技术的进步是现代设计风格发展的主要推动力，而设计风格不受其他现代主义艺术形式的影响而诞生或发生转变。在设计领域中，技术和美学并不是互相排斥的，而是相互依存的。事实上，技术在实现设计的外在优雅和内在美感方面，始终发挥着至关重要的作用。

第二节　设计美学视角下文化创意产品设计的意义与特征

一、设计美学视角下文化创意产品设计的意义

从设计美学角度看，文化创意产品能够彰显设计美学的重要意义，不仅限于工业造型设计领域，也涉及传统设计领域，是文化和艺术等方面的重要组成部分。文化创意产品设计是一种运用创意手段，将文化元素作为基础，通过重新组合、创新不同的艺术媒介来创造新设计作品的一种艺术现象。因此，从设计美学角度出发探究文化创意产品设计对时代的发展有很大的正面意义。

此外，文化创意产品设计与当地文化息息相关。因此，基于审美价值观对文化创意产品进行探讨可以促进不同国家在文化层面上的交流和理解，并展示出世界的多样性及各种文化的独特风貌。这种交流和分享具有重要的现实意义。

二、设计美学视角下文化创意产品设计的特征

从设计美学的角度来看，文化创意产品应该在艺术、文化、地域、功能和商业等方面都有所体现，这样才能实现设计美学和文化创意的统一融合。只有全面了解文化创意产品的设计特性，我们才能更好地满足消费者在物质和精神方面的需求。

（一）文化创意产品设计的艺术性特征

艺术性意味着在设计活动中必须符合设计条件、设计材料和所处环境的要求，同时要将创作主题与审美规律相结合。设计出的作品必须能够呈现出审美要素的特征，以达到艺术表现的目的。因此，在设计美学的视角下，我们可以认为，文化创意产品不仅能满足消费者的审美需求，而且能展现出独特的艺术价值。这里

所说的"艺术价值"，不仅表现在产品的外观和内在精神上，而且能够让消费者通过多种感官获得艺术体验，进而打动消费者的心灵，引发其对文化的认同、对美的追求，实现人与文化、产品的深入交流。设计文化创意产品时，设计师必须以美学视角为基础，以确保文化创意产品能够表现出美的造型艺术。为实现这一目标，设计人员需要在保持现代审美基础的前提下，综合考虑当地传统习俗、风土人情和生活方式等多种因素，选择合适的材料和加工工艺，打造出让人心动、具有独特艺术气息的文化创意产品。

（二）文化创意产品设计的文化性特征

文化创意产品的核心在于其所具有的文化性特征，而消费者购买这些产品并不仅是为了获得商品本身，还是因为它们蕴含一定的文化价值和情感价值。所以说，消费者所购买的是一种特定的文化，而非仅仅是产品本身。为了从设计美学入手大力开展文化创意产品设计，我们需要抓住文化的核心，确保文化创意产品能够展示本民族的传统、社会人文和时代特色，进而能够为消费者呈现独特的文化和故事。这样一来，文化创意产品就可以有效凸显深刻的精神内涵。

（三）文化创意产品设计的地域性特征

只有那些具备本地文化特色且本土化程度高的创意产品才会得到良好发展，进而赢得消费者的喜爱。各个地区表现出的文化和环境都有各自的特色和特点，但也会有共同之处。举例而言，虽然长江流域和黄河流域的文化有所不同，但它们都属于华夏传统文化；尽管荆楚文化和赣皖文化各有独特之处，但它们都属于长江流域文化。此外，我们还可以将荆楚文化细分为多种不同的文化派别，如三国文化、屈原文化等。从设计美学视角看，文化创意产品的地域性特征表现为设计者抽取该区域独特的文化元素，并将其转换成人们公认的视觉符号，通过产品设计的方式，在为消费者呈现传统文化和地域风貌等特色的同时，唤起当地人民对自身情感和文化的认同。

（四）文化创意产品设计的功能性特征

人类需要在自然环境中生存下去，因此在远古时代，人类就已经开始进行制作工具的活动，以便捕猎、耕种和解决生活所需。随着基本需求得到满足，人类便开始关注如何在物质层面上表达"美",于是人类所创造出来的东西就具有了功能性和美感。这表明功能性是美的基石,若无功能性,美便失去了存在的价值。因此,进行设计美学角度下的文化创意产品设计,设计者首要考虑其功能性,然后以此为基础激发人们的审美情趣,进而让人们获得一定的情感体验。

(五)文化创意产品设计的商业性特征

设计不仅是生产实物产品的过程,还是创作一种被商品化的文化创意的过程。它可以借助消费主义观念促进社会的不断生产和消费,从而催生新的文化创造。因此,从设计美学层面看,文化创意产品的商业特征具体体现为它能够通过人与产品的彼此互动产生积极的效果。文化创意产品的核心消费需求包括以下几个方面:一是具有实用性的互动关系,二是融合美学要素,三是能够带来趣味性体验,四是其设计独具特色,五是用户之间进行互动。这些消费需求可以在很大程度上反映出文化创意产品的特点和审美风格。随着人们越来越渴望文化、精神和情感方面的满足,文化创意产品的额外价值正在逐渐上升。

第三节 文化创意产品设计的美学实践

一、禅宗美学影响下的文化创意产品设计

佛教禅宗的美学思想渗透到了中国文化中,对中国传统审美的形式、理念和机制产生了重要影响,同时使得禅宗美学角度下的文化创意产品极具市场发展空间。因此,我们深耕研发与之相关的文化创意产品,有利于在国际舞台上彰显中国文化的独特魅力。就目前而言,国内有关学者研究发现禅宗美学与文化创意产品设计间的关联有三个明显特征。其一,禅宗美学理论与设计实践的应用之间存在一种不协调的状态。在国内,已经有许多关于禅宗美学理论方面的研究成果。"如皮朝纲提出了禅宗美学是生命美学的论点;刘方指出,禅宗美学是一种生命诗性栖居的冥思;张节末对禅宗美学的'意境说'有深入的研究。"[1] 然而,这些

---

[1] 温为才.禅宗"无常观"美学视域下文创产品设计研究 [J].南京艺术学院学报(美术与设计),2020,(1):138-144.

研究成果尚需在设计领域得到检验。其二，中国产业界中的禅宗文化创意产品的品质并没有达到很高的水平。如今市场的产品更加偏重于视觉效果的物质呈现，如图案、纹理等，它们未能以非物质性的方式反映禅宗的美学和智慧。因此，我们需要更深入地挖掘这类文化创意产品的深刻内涵。其三，国内设计行业存在一个危险的误区，即一些设计者认为只需简单地效仿日本禅宗美学的理念和设计形式，就可以设计出优质的禅宗美学文化创意产品，但他们忽略了中国文化传统的独特价值。中日禅宗的美学理念和审美观念存在较大的差异，对于设计界来说，这点是很值得警惕的。

怎样应用禅宗美学思想来引导文化创意设计？怎样在设计中表达禅宗美学所蕴含的哲学思想？这些问题需要学术界和设计界认真应对。本部分内容的主要目标在于对禅宗美学中的"无常观"这一重要理念进行深入的探讨，同时通过实际的设计实践来探索该美学理念在现代工业产品设计中的融合方式，以提出相应的设计原则。

（一）禅宗"无常观"的美学含义

在佛教观念中，一切事物都是无常的，这是一种基本态度和看法。《金刚经》载："一切有为法，如梦幻泡影。如露亦如电，应作如是观。"[①] 所谓的佛教无常，指的是所有的有形物和无形物都是由各种因素的相互作用而产生的，涵盖所有的精神与物质，它们在生灭变化中存在，没有固定的本性。佛学大师赵朴初先生解释"无常"说："宇宙间一切现象都是此生彼生、此灭彼灭的互存关系，其间没有恒常的存在。所以任何现象，它的性质是无常的，表现为刹那生灭的。"[②] 禅宗的重要思想之一就是"无常"，这个概念让人们对生命产生了一些独特的思考和认识。按照禅宗的思想，通过对"色身无常"进行观照，我们可以在瞬间领悟到法身（心性）的永恒存在，这样我们就能够超越对外在形象的执着，从而达到一种禅宗式的自由解脱，这种解脱是独属于人生的珍贵体验。"无常"会引发人们的促迫感，迫使人们重视眼前所见的事物和景观。正如古人所说的"花开堪折直须折，莫待无花空折枝"。在产生这种紧张感的情况下，我们会珍惜生命，并在其中发掘美与爱。其审美风格展现了一种"无常之美"的特质，它源自人们对"无

---

① 霍明琨.《菜根谭》无障碍读本 下 [M]. 北京：团结出版社，2020.

② 张静. 器中有道：历代诗法著作中的诗法名目研究 [M]. 南京：凤凰出版社，2017.

常"现象的深刻观照，内涵禅宗的"刹那观照"审美意识。基于此，我们进行文艺创作能够表达漂泊无依的内心状态，进而将禅宗美学中"空灵寂寞""心境浑一"等别具一格的审美意境呈现出来。

（二）禅宗"无常观"对美学的影响

1. 禅宗"无常观"对中国美学传统的影响

中国禅宗在本体论和方法论上主要体现在"无念为宗，无相为体，无住为主"①。唐代著名禅师马祖道一在面对"无常"变幻世界的问题上，提出了"平常心就是道"②，我国文人阶层的审美意识在中唐以后深受禅宗影响，具体表现在文学和艺术等方面。自中唐时期开始，禅宗思想逐渐影响中国文化，使得佛教不再被认为是精神生活规范和监督责任的象征，而是进化成一种注重优雅生活情趣和语言智慧的美学享受符号。宋代梁楷创作的泼墨仙人图与牧溪法师创作的罗汉图都鲜明地展现了当时艺术家对于自然情感的向往和渴望。这两幅作品的笔触舞动自如，可以表现出强烈的情感追求。元代倪瓒、黄公望，明代徐文长、明末清初朱耷以及清代初期石涛等人都是中国画坛上的杰出代表，他们的画风无拘无束，展现出一种任性逍遥、随缘放旷、自然适意的生活态度。

2. 禅宗"无常观"对日本物哀美学的影响

在我国明朝时期也就是日本的战国时期，禅宗从中国传入日本的现象达到了巅峰。当时日本政治乱局不断，武士的生命安全无保障，而且长期以来，日本的生存环境很恶劣。在这种背景下，禅宗教义强调了对"无常悲苦、刹那生灭"的深刻领悟，从而为广大民众带来了精神抚慰。因而，禅宗在武士和底层大众之间迅速传播开来。从审美意识层面看，"无常观"从哲学角度为日本独特的"物哀"美学思想奠定了坚实基础，使其得以不断成熟和完善。所谓"物哀"，意指通过将外界物象和主体情感内在相结合，创造出一种"情趣的世界"，进而通过自然和人生各种情态的触发，创造出一系列优美、精致和哀伤的情感表达。将"感物兴叹"的状态转变为观念化描述，即"理念化"地看待这种状态，就是"物哀"的实质。毋庸置疑，从日本中世的《源氏物语》《徒然草》到现代作家川端康成的《雪国》《伊豆舞女》等文学作品，我们可以看到日本文学中持续渗透的"物

---

① 裴大洋. 中国哲学史便览 [M]. 西宁：青海人民出版社，1988.
② 史平. 南怀瑾大师的解脱智慧 [M]. 北京：中国时代经济出版社，2009.

哀"美学思想。川端康成的小说采用独特的艺术风格，结合了传统与现代元素，展现了日本文学所独有的优雅、悲凉和神秘之美。因此，读者在阅读川端康成的小说时，难免会被其独特的艺术气息打动，产生悲喜交加之感。在日本的思想史上，存在一条不断探索和实践、旨在超越无常的悲伤和解放精神的道路。在这条路上，日本群众需要不断地思考和努力，以克服无常的悲伤和束缚，重新获得精神自由。

（三）禅宗"无常观"美学对中国与日本物品设计的影响

日本的设计风格受到了禅宗"无常观"美学的深刻影响，因此日本造物设计更注重展现枯寂、不对称、残缺、不完整的形态之美。据日本禅宗研究者铃木大拙所述，禅宗崇尚不完美的形式和存在缺陷的现实，因为它们更能恰当地表达精神内涵。过于优美的形式可能会让人们忽略其中真实的内在含义，而只关注其表面。人们偏爱那些略带不完美之处的物品，因为在人们眼中，这类物品是"超越完美的一种不完美"。如图 5-3-1 所示，龙泉窑瓷器最显著的特征就是其表面釉面保有各种大小不规则的开裂纹，器身呈灰白色，且釉面晶莹剔透，呈现出让人叹为观止的青色。龙泉窑瓷器以其独特的釉色而著名，历史上有很多人都赞美过其釉色之美，乾隆帝曾赞龙泉瓷"越冶无夏雪，龙泉存晓星。中规体月魄，尚质色天青"。[①] 如图 5-3-2 所示，这张图片所展示的乐茶碗，巧妙将千利休的茶道美学精神展现了出来。在众多乐茶碗中，黑色碗的形状并不规则，也不对称，甚至可以说较为破烂，"凡茶道，皆不可追求场面华美、诸种茶具的完好""自从禅宗的思想（维）模式盛行以来，东方艺术开始有意识地避免用对称来表达完美和重复"[②]。在日本，茶道器具已经和禅宗相互交融。中国瓷器和日本乐茶碗在工艺精细程度上存在很大差异，两者在审美形态方面也存在巨大的差异，前者可呈现出素静、典雅、脱俗的美感，而后者则展现出残缺、不对称的美态。

---

① 董健丽. 故宫博物院藏龙泉窑青瓷研究 [M]. 北京：故宫出版社，2020.

② 温为才. 禅宗"无常观"美学视域下文创产品设计研究 [J]. 南京艺术学院学报（美术与设计），2020，（1）：138-144.

图 5-3-1　中国龙泉窑瓷器

图 5-3-2　日本的乐茶碗

　　在盆景艺术领域中，我们可以观察到"无常观"美学所带来的影响，其使得不同国家的盆景设计存在一定的差别。如图 5-3-3 所示，在中国的岭南盆景中，存在一种名为"素仁"的盆景派别，广州海幢寺的素仁和尚是这个流派的创始人。这种盆景的风格"简练脱俗"，融合了深奥的佛教哲学思想。这种盆景通常以一枝或两枝树干为主，顶部周围只有少量树叶，体现了"冗繁削尽留清瘦"的极致美学理念，能够给人以多一枝则赘，少一枝则废之感。在素仁盆景中，我们可以感受到传统国画的审美和意境，它仅仅利用极简的线条，就可表现出一种空灵、脱俗的禅味和生命超脱的气息。

图 5-3-3　中国"素仁"盆景

如图 5-3-4 所示，日本盆景这项技艺发展历史长达 800 多年，备受人们珍视。人们认为它是手工艺与人类的创造力的杰作。在日本盆景中，白骨舍利是被视为最为重要的艺术展现方式之一，它能够展现独特的审美特质。为了产生这种艺术效果，设计者需要削皮，并让盆景中的某些树枝枯死。接下来，使用粗糙度不同的砂纸对干枯的树枝进行打磨，以取得一种非常干净、安静、平和的效果。

图 5-3-4　日本盆景

值得我们特别关注的是，尽管中国岭南地区所创造的素仁盆景与日本盆景都起源于禅宗，但二者在造型和表意方面所存在的差异十分显著。在中国文化中，无常被理解为无执、随缘、自然的生命智慧；而在日本文化里，无常经常带有悲伤、寂寞、无力等情感色彩，往往与死亡紧密相关。换句话说，中国更注重无常所蕴含的无欲无求和顺应自然的境界，日本强调无常的哀婉和悲情。

（四）禅宗"无常观"美学在文化创意产品中的应用实践

1. "无常观"美学影响下的香丘瓶

禅宗中所说的"无相为体"用于形容事物无常的本来面目；而"常"则表示达到内心的清澈和平静、消除束缚和执念的状态。禅宗信奉"无常"和"常"互相转化、互相依存。《六祖坛经》云："善根有二，一者常，二者无常，佛性非常非无常。"[①] 南宋严羽《沧浪诗话》指出"大抵禅道在妙悟，诗道也在妙悟"，明代胡应麟在《诗薮》中指出"禅则一悟之后，万法皆空"，妙悟深刻影响了中国传统的审美情趣、审美形式与审美体验。妙悟"即在意识的刹那转换中完成心灵的凸显和精神的超越"。[②]

如图 5-3-5 所示，根据上述美学思想，设计师创作了"香丘瓶"。"香丘"一词源自《红楼梦》中的《葬花词》，意为花朵的终点和安息之所。"天尽头，何处有香丘"深情地表达了人们对花朵的深切思念和爱护之情，也意指人们往往会精心呵护和珍藏美好的事物或心爱的物品。然而，按照无常的思想，美好的事物在瞬息万变的世界中只能短暂停留，不受外在力量的控制，人们只能静静地看它们流逝。花瓶的瓶口形如双手紧捧，可容纳一枝鲜花，但随着时间的推移，花朵会在瓶口展现的"双手"之中慢慢凋零。这种美虽受人们热爱和保护，但仍将不可避免地逝去。明智的观者应该珍惜眼前鲜花的美好瞬间。禅宗主张通过领悟宇宙的生机来认识本体的静态特质，通过现实世界的"有"来感悟本体的"空"。只有通过不断地领悟与体悟，人们才能找到通向永恒的路径。此外，只有领悟了"万古长空"的深意，人们才能真正领略并真爱"一朝风月"的美。这就是禅宗的超越，即"不离此岸，又超越此岸"。在"香丘瓶"的设计中，瓶里的花朵象征短暂而美好的时光，"万古长空"则代表永恒的宁静。

---

① 周昌乐. 禅悟的实证：禅宗思想的科学发凡 [M]. 北京：中国书籍出版社，2019.
② 葛兆光. 中国思想史 [M]. 上海：复旦大学出版社，2001.

图 5-3-5　香丘瓶示意图

2."无常观"美学影响下的七分圆满杯

《法句经》云:"受形命如电,昼夜流难止。"①根据无常的生灭法,所有事物都没有圆满的状态,也没有不圆满的状态。对于任何事物而言,改变是一种不可避免的现象,当一种状态达到圆满时,它也可能随时发生变化而不再圆满;同样地,当一种状态不圆满时,也有可能出现转变,变得十分圆满。中国传统文人深谙大成若缺的审美意境,而无常观从本体层为这种意境创造了十分完整的、合理的依据。因此,他们体悟到只有当"花未全开月未圆"时才能达到真正的完满,相反,对于任何事物而言,十分完备并不一定代表真正的圆满。大成若缺的审美观认为,事物只有在不圆满的状态下才能不断进步,才能持续发挥它的作用。《涅槃经》云:"少欲者,不求不取;知足者,得少不悔恨。"②杭州灵隐寺有副楹联:"人生哪能多如意,万事但求半称心。"其中"半称心"就是指大成若缺的生命状态。《菜根谭》指出:"花看半开,酒饮微醉,此中大有佳趣。若烂漫酕醄,便成恶境矣。"③中国传统处世哲学强调做事要谨慎,如"茶倒七分满,话说七分完",强调人们在做事时要避免过度,留有余地,同时在沟通交流时也要避免说过头,以避免产生不必要的矛盾和冲突。这表明,大成若缺不仅是东方审美上的一种意象,还具备东方人生存的智慧。

设计师利用形态为产品赋予了特殊含义,这样一来,受众可以通过理解和诠

---

① 杨朝霞.修禅养生 [M].北京:大众文艺出版社,2005.

② 朱旭泰.佛眼看人生 [M].武汉:长江文艺出版社,2010.

③ 张潮,洪应明.幽梦影 菜根谭 [M].穆易,点校.长沙:岳麓书社,2016.

释产品的外观造型来形成审美意识。制作七分圆满杯子时，团队借鉴了传统鼎形的外观设计。设计师在鼎的造型中，利用鼎脚所围合的手法，创造了一个"虚"空间，这从侧面反映出团队已经更加深入地探究和理解了鼎的设计。这种设计最引人入胜的地方在于，当杯子被注水到杯身70%高度时，水面会呈现出完美的圆形，象征着"达到七分满即圆满"。倒茶时，随着水面形状的变化，使用者能够体验到一种深厚的东方文化底蕴所体现出的美感。在设计过程中，设计团队将有效匹配作为核心原则，这意味着他们致力于确保产品的外观（形状、颜色、材料、表面处理）所传达的意思与观众的心理认知习惯完美匹配，以传达准确的文化信息。

二、传统漆器美学影响下的文化创意产品设计

漆工艺在中国历史上源远流长，中国是最早采用漆的国家之一。漆器是"漆艺"中不可或缺的一部分，同时，漆文化还包括漆画和漆雕等艺术形式。作为一门综合性艺术，漆文化的内涵十分丰富。在各种器物的表面涂上漆，制作成人们日常生活中的用品或工艺品，这就是"漆器"。对于漆器而言，漆能够牢固地附着在胎体上，使其更加坚固和美观。最初，漆器是在日常生活中使用的工具，但是在战国至秦汉时期长达500年的历史中，漆文化不断发展，达到空前繁荣的状态。但是，随着瓷器的盛行，漆器的使用价值逐渐下降，慢慢转化为注重美学与观赏价值的艺术品，如漆画或漆雕。这种转变将漆艺文化从实用领域带入艺术领域。

（一）传统漆器的设计美学

1. 传统漆器的色彩美

在中国古代，漆器最常使用的颜色是红色和黑色。在中国传统文化中，红色一直被视为一种尊贵和崇高的颜色，其色彩鲜明而显眼。相比之下，黑色则更为低调和内敛。组合运用红、黑两种颜色，可以营造出一种稳重、庄重的氛围，能够强调深沉、内敛的风格特质。随着漆器制作技术的不断进步，色彩运用也得到了新的创新。天然材料的广泛利用使得漆器的颜色更加多样化，增添了金色、银色、蓝色、绿色等多种颜色。在厚实的底色基础上，漆器运用丰富的色彩营造出了强烈的视觉效果，进而给人们留下深刻印象。

2. 传统漆器的材质美

传统漆器的材质美来源于材料的观感和纹理，它能够直接触动人们的感官和审美情趣。大漆本质上是一种极具有装饰性的材料，将其涂抹在漆器表面后，经过研磨和抛光，可以呈现出独特的古朴韵味与自然光泽。此外，大漆非常适合与其他材料相结合，如贝壳、骨头、黄金、白银、玉石和瓦灰等，结合物能够充分展现大漆极强的可塑性。而且，在现代，还有将蛋壳、金属箔等当作辅料的方法。漆器可以呈现出不同的艺术效果，这得益于它们可以采用不同的材质、创造不同的肌理，与之相契合的制作方式有很多。

3. 传统漆器的纹饰美

传统漆器的装饰纹饰通常包括几何图形、动物形象、植物元素和生活主题四种类型。几何图形纹饰常由点、弦、折线、环、螺旋、菱形、回形和三角形等元素组成，它们常被用于器物的圈口或被用作装饰带。

4. 传统漆器的功能美

漆器之所以美，是因为它不仅实用，还能美化各种生活物品。古人制造漆器的初衷是满足人们的日常生活需要，因此漆器几乎涵盖所有生活用品。漆器可以被用于美化各种家具，包括交通工具、桌椅、茶几和屏风；也可以被用于生活用品，包括食盒、碗、勺和妆奁等。运用大漆涂料对漆器进行加工，可以保证其不易腐蚀、耐高温、耐潮并且方便存储及使用，进而方便人们将其广泛地应用于日常生活的各个领域。

5. 传统漆器的形式美

在当代艺术创作中，形式之美显得格外重要。通常情况下，设计师需要针对漆器的特定使用目的，对不同类别的传统漆器进行灵活设计。即使漆器品种繁多，设计师也要确保它们的外观具有整体性，并实现漆器的外观设计、图案装饰和色彩的协调一致，以为公众呈现具有形式美的艺术效果。

（二）传统漆器中可借鉴的设计美学元素

1. 色彩与图案

在当今的文化创意产业中，漆器传统配色也被广泛用于色彩设计之中，以增强产品的文化内涵和价值。对于传统意义上的漆器制作，最基本的颜色是红色和黑色。这两种颜色能够形成明显的对比，既能赋予漆器庄重大气的品格，又能让它表现出内敛沉稳的特质。如今，人们普遍在现代产品设计中采用漆器传统纹样或元素进行再设计和运用。无论是包括点、弦、涡云等纹样在内的传统连续纹样，还是将云、花、树木等自然元素作为主题的纹样，以及围绕神秘动物制作的纹样，都被广泛地用于产品包装、漆艺、装饰物品等文化创意产品设计之中。

2. 自然材料

经过验证，漆液具有多项优点，包括抗酸碱、耐高温、抗腐蚀和不易褪色等。另外，最近几年的相关研究结果表明漆器具备一定的除菌和抗菌功能。因为漆器具备这些特性，所以我们可以广泛地将它用于制作人们经常使用的餐具、茶具以及其他日常用品；另外，它也是一种非常适合用作食品、茶叶、物品外包装的材料。因为漆具有天然可再生的特性，且能体现传统文化的氛围，所以漆制生活用品的发展十分具备前景。此外，漆这种材料还可以被用于制作文化创意产品。

3. 造型设计

传统的日用型漆器包括食器、妆奁、茶具、家具等。与现代设计理念相似的元素在百年前的漆器包装上就已存在。举例而言，双层九子奁是一种能够有效容纳物品的容器，设计师在其内部布局中采用了与现代礼盒包装（化妆品、茶具、食品）十分类似的设计技巧。再比如，仿生型器物的造型设计以模仿自然生物，甚至对其进行再创造为灵感，整体上能够给人十分灵动之感。

（三）传统漆器设计美学元素与现代文化创意产品的融合

早在汉代时期，漆器就不仅注重实用性，而且将审美性纳入考虑范围，二者相辅相成，共同产生了一种完美的和谐效果，而且这些漆器已经成为当时人们必不可少的生活用品。如图5-3-6所示，汉代漆器的工艺沿袭了早年间卓越的制漆技艺，并不断进行改进和更新，促进了漆器制造业的繁荣发展。在文化创意产品的设计上，我们不仅需要考虑其实用性，还需要注重美观。为了创造出更符合当代审美的文化创意产品，我们可以汲取传统漆器设计理念的精华，并将其融入当代审美艺术设计中。

图 5-3-6 汉代漆器羽觞杯

第一,实用性。无论是在丧葬、祭祀等方面,还是社会上的其他领域,汉代漆器在各个领域中都有广泛的应用,其风格也十分多样化。我们可以将汉代漆器概括为日常生活用品、文化休闲、悼念逝者所需的仪器三种类型。人们设计造物的最初目标是追求创造力的本质,以满足人们的多样化需求。在设计文化创意产品时,我们应该思考使用者需求的本质,并结合社会文化的多重因素,创造具备前瞻性和创新性的文化创意产品。以此为基础,我们可以通过尝试使用不同的材料和工艺来创新,通过各种质感为产品注入更为丰富的文化内涵和别具一格的艺术风格。

第二,审美性。汉代漆器的设计不仅充满实用性,而且十分精美。举例来说,马王堆汉墓中出土的彩绘鹤纹漆匜,无论是在颜色方面、纹饰方面,还是在造型方面,都展现了美学设计的高超水平,让人欣赏之余深感愉悦。对于文化创意产品而言,提升审美性能够使其更好地吸引消费者的注意力,进而增强消费者的购买欲望。因此,文化创意产品设计师应以形态、质感和调色为入手点,创造出具备高水平审美的现代文化创意产品。

(四)传统漆器设计美学对现代文化创意产品设计的启示

笔者以汉代漆器为例,从设计原则及转化思路两个角度出发,为读者阐述并分析当代文化创意产品的设计启示。

1.设计原则

（1）造境写意

意境是中国传统美学思想中不可或缺的一部分，很多文人墨客都会借助自然景色来表达情感，并通过对景物的描绘凸显内心的情感。如今，很多设计师通过新的技巧手法，将汉代漆器的色彩、工艺、材质、器物造型运用到自己的设计中，进而创造出很多独具韵味的文化创意产品。

（2）赋予寓意

从古到今，人们一直在追求美好的事物。因此，在现代设计中，设计师同样可以对汉代漆器造型所象征的吉祥含义进行艺术设计层面的利用。举例而言，中国联通的图标采用了中国古代的"盘长"图案，该图案代表源远流长，具备生生不息的美好寓意。通过运用有吉祥寓意的元素，现代设计能够呈现出更多的文化内涵，进而有效规避商业化意味过重的问题。

（3）融合转换

为了确保产品具有一定的实用功能性，设计师在设计过程中需要确保提取的元素和理念与产品之间存在一定的联系。例如，在设计现代化妆品礼盒时，设计师往往需要注重将形式和功能完美融合，同时会精心策划各种不同大小和形状的容器，以取得整体上井然有序的效果。按照这种做法所设计出的化妆品礼盒，在造型设计、排列方式上和双层九子奁较为相似。

2.转化思路

在将传统漆器元素转化为文化创意产品设计时，设计师可采用具象转化或抽象转化的方式，这两种方式之间并不存在排斥关系。

传统漆器所包含的哲学思想和文化内涵非常丰富，它是一种综合了人类思维、情感和价值观等多方面元素的艺术品，我们需要细细品味才能领会其中的精髓。文化创意产品可以为人们的生活方式和行为习惯提供更好的指引。

三、中国"隐秀"美学影响下的博物馆文化创意产品设计

（一）"隐秀"的美学内涵

在《文心雕龙》中，"隐秀"是一种重要的创作理念。其中，"隐"所表达的

含义是隐匿、不张扬，显示出内敛和含蓄的品质。刘勰认为无论是文学还是艺术，都要有"文外之重旨""言外之意"①，即根据文学作品所蕴含的多重观点和意义，在进行艺术创作时，我们不宜只是简单、直白地展示内容，而应该注重呈现其内敛而隐匿的惊喜感和参与感；"秀"表示展示、卓越和超群，类似于点睛之笔的意思。也就是说，作品的亮点应该精妙而不是过多或杂乱无章，能够迅速吸引人们的注意力，让人们与其共情，但在过度追求这种含蓄表达的情况下，文创作品的内容和形式会失去平衡。对于文创作品，这两个概念必须实现辩证统一、相互支持、相互依存，缺少其中任何一个都是不可行的。

（二）博物馆文化创意产品融合"隐秀"美学内涵的意义

1. 有助于实现美学思想的传承

《文心雕龙·隐秀篇》融合了老子的"有无"哲学思想和儒家"温润敦厚""含蓄内敛"的特色思想，在漫长的历史发展中逐渐成为后人审美意象的内在标准之一，并深刻影响了后人的审美观念。中国古代的美学思想非常丰富，涵盖多样的美学经验和理论体系，这些美学经验与理论体系渗透在中国民族日常生活的方方面面，不仅深刻地影响了我们的价值观、审美观和艺术心理，而且作为一种表现方式含蓄而微妙地展现了国人独有的美学情感。国人所抒发的审美情感在这一点上表现得特别明显，其追求简练的内涵，具有深邃意境和生动有趣的特质，能够深深触动人们的内心世界，凸显"以形传神、神形具备"的美学理念。因此，在博物馆文创设计的过程中，融入"隐秀"美学蕴含的内涵，不仅可以为观众呈现具有温暖感的文化创意产品，而且可以取得传承和弘扬中国古代美学思想的效果。

2. 有利于实现博物馆文化创意产品设计思路的拓宽

随着创意经济的崛起，越来越多的人对博物馆文化创意产品表现出浓厚的兴趣，"隐秀"美学理念也被纳入博物馆文化创意产品设计之中。正如刘永济在《文心雕龙校释》中所说的"盖隐处即秀处也"②，换言之，"隐"需要通过"秀"来表现，"秀"的内涵需要借助"隐"加以呈现。设计师在设计博物馆文化创意产品时，运用"隐秀"的美学风格，能够让产品表现出内涵深刻、低调内敛、平衡和谐的

---

① 朱立元. 艺术美学辞典 [M]. 上海：上海辞书出版社，2012.

② 李建中，李小兰. 批评文体论纲 [M]. 武汉：武汉大学出版社，2013.

特征。采取这种设计思路，文化创意产品能变得足够美观、足够实用、独具创新性与趣味性，并且与现代生活完美地结合在一起。通过这些产品，受众可以真正领略到馆藏文化的魅力，这在很大程度上可以促进博物馆传统文化的传承与创新。

（三）博物馆文化创意产品设计中"隐秀"美学内涵的体现

1.博物馆文化创意产品外观结构中的"隐秀"体现

文化创意产品的"隐秀"美学内涵通常会在其外观和结构方面得到突出表现。受众最初对产品产生看法往往受到外观因素的重大影响。因此，如果产品外观醒目独特且与其他产品有明显区别，那么该产品会在受众心中留下深刻的、足够新颖的印象。如图 5-3-7 所示，故宫博物院的千里江山异形茶具设计采用仿山石结构制作整体杯形外观，并在杯身上绘制了云雾缥缈、山峦起伏的千里江山图案，给人以灵动、统一、和谐之美感。这款茶具不仅可以被当作品茗茶具，还可以被用作家具装饰摆件。从"隐"的角度看，千里江山图所呈现的意境和文化内涵，隐晦地展现了北宋时代的审美观念。从"秀"的角度看，通过对山水画的提炼和概括，茶具的外观造型设计将山石结构融入其中，使茶具展现了出类拔萃的优雅感，增添了生气勃勃的气息，为人们带来了惊喜和愉悦之感。

图 5-3-7　故宫博物院千里江山异形茶具

2.博物馆文化创意产品功能体验中的"隐秀"体现

文化创意产品中运用"隐秀"美学元素的做法占始终遵循实用性和互动性原则。这种产品不仅拥有极高的实用价值，还可以让用户与之产生更强的联系，从而增强他们的参与感。此外，这种产品蕴含了一定的文化特色。例如，苏州博物馆以秘色瓷莲花碗为灵感设计了一个月历，通过 DIY 拼接的形式让我们近距离接触这件镇馆之宝。他们将制作完成的莲花碗摆放在露窗展示区，该碗既具备日历的功能，也是一件可用作装饰的艺术品。这种形式可以让我们更加亲近文物，产生的体验感也更加强烈。这只莲花碗是设计师以现代立体拼图趣味组装的方式创作的艺术品。通过这个形式，设计师打破了时间和空间的限制，让人们在互动中感受到苏博馆藏文物秘色瓷的文化魅力。人们在体验过程，会在无意间获得关于瓷器文化的各种知识，并且可以将这些知识自然地应用到日常生活中。这种体验创造了一种独特的宁静和平和的氛围，它专属于苏博秘色瓷。

如图 5-3-8 所示，布鲁可积木与故宫博物院携手推出了中和殿积木玩具，供人们进行拼装娱乐。专家在设计过程中进行全程指导，并参考了历史文献，如《北京城中轴线古建筑实测图集》等，以确保设计高度还原真实情况，其比例接近于1:75。设计师灵活地将中国传统建筑的榫卯文化融入该玩具的玩法中，再现了古代建筑的构建过程，完美"秀"出了东方建筑的卓越美学。在拼接的过程中，受众不仅能够深入了解和学习传统古建筑的制作技巧和设计结构，还能够思考和挖掘古建筑的智慧和魅力，进而加深自身对中国传统建筑文化乃至整个中国文化的记忆。

图 5-3-8　故宫中和殿积木

3. 博物馆文化创意产品情感共鸣中的"隐秀"体现

随着时代的变迁，文化创意产品已经不仅具备一定的功能和外观，还会关注消费者的情感需求。因此，情感共鸣成为文化创意产品中的重要因素。在构建交互设计情境时，通过"隐秀"美学内涵传达产品所蕴含的文化内涵和故事情节的做法，能够激发消费者在使用产品时产生情感共鸣。举例而言，苏州博物馆推出了一款名为国风益智桌游大富翁的游戏（图5-3-9）。这款游戏借助插画重新展现了苏州古城的布局，同时对其进行了适当的修整和改良。此外，这款游戏涵盖苏州12个著名景点，其中包括四大园林和四大古镇。当游戏玩家到达特定位置的时候，会激活不同的游戏机制。除此之外，该游戏还特意设置了答题卡环节，所有问题都围绕苏州的历史和文化展开，成功地实现了娱乐、旅游和学习的相互融合。玩家在体验桌游的过程中，会不断地发掘"隐去"的苏州文化元素，这可以使他们对苏州的历史文化产生极大的兴趣和探索的心理。游戏设计师通过对机制进行一定设计，成功地让苏州的历史文化得到了呈现（"秀出"），使得玩家不自觉地、全身心地投入苏州这座古城的文化瑰宝之中，从而对苏州产生持久的关注和热爱。

图5-3-9　苏州博物馆推出的国风益智桌游大富翁

洛阳市文物局和洛阳古都研学所联合创办了历史人文类博物馆夜宿项目，包括《运河迷踪》《古墓探秘》《神秘客——文物守护计划》（图5-3-10）等小项目，这些小项目综合运用了沉浸式剧情和中国传统游戏、商贸交易等多种元素。此外，这些小项目考虑到博物馆不同的主题和故事背景，将大型互动戏剧和夜间住宿体验融为一体，为文化和博物馆爱好者创造了一次非同寻常的"夜间特别展览"。通过参与这些极具游戏意味的小项目，广大受众可以身临其境地了解数百件博物馆文物的故事及剧情中的线索，实现受众与博物馆之间联系的强化，并能让观众产生情绪共鸣，引发其联想。博物馆可以通过沉浸式的剧本，让受众亲身体验馆藏文物的历史、文化背景，并引导他们深入思考和探索文物所蕴含的文化价值，帮助他们更全面、深入地了解博物馆文化的特殊魅力。

图 5-3-10　洛阳博物馆的《神秘客——文物守护计划》

第六章　校园文化创意产品设计

本章为校园文化创意产品设计，一共分为四部分：校园文化创意产品设计的类型与特征、校园文化创意产品设计的原则、校园文化创意产品的设计表达、校园文化创意产品设计的经验启示。

第一节　校园文化创意产品设计的类型与特征

一、校园文化创意产品设计的主题选择与类型

学校一直扮演着传递知识和推广文化的重要角色。在历史上，学术界不断地进行知识经验的积累和沉淀，这使得每个学校都具备独特的学科优势和校园文化。而校园文化创意产品则是校园文化发展与发扬的具体途径之一。所谓校园文化创意产品，就是利用某个学校的元素来进行创意设计开发的产品。校园文化创意产品可以体现学校内涵、学校的教育理念以及学术环境，有助于广大师生延续学校的历史和奋斗精神，也能象征目前校园文化创意产业的蓬勃发展和兴盛。同时，它还可以展现学校丰富的历史和文化底蕴，能够完整地展现学校的多元魅力。一所学校所具备的文化财富包括其历史积淀、文化底蕴以及办学传统，这些都是该校重要的无形资产。借助学校独特的文化元素，校园文化创意产品可以生动地展现学校的形象，也可以向公众展示学校名称、校徽、校训，以及代表性建筑和风景。在校园文化创意产品设计中，这些元素备受关注，因为它们蕴含着丰富的人文历史内涵。校园创意产品一般以学校的主要标志和代表性景观为核心。随着学校的不断发展，这些标志性的符号会逐渐渗透到学生的内心深处，进而为

他们提供精神支持，也能够促进校友、师生、学校和社会各界之间的互相联系和交流。

（一）校园文化创意产品的主题选择

1. 以校名、校徽、校训为主题的文化创意产品

每个学校都有不同的校名、校徽、校训，它们都体现着每个学校蕴含的内涵，以此开发的文化创意产品有效体现了学校的精神风貌。例如，清华大学有的校园纪念品是以清华大学校徽为主题形象设计的书签（图 6-1-1），将校徽融入其中，打造出清华大学独有的文化创意产品，突出了清华大学的核心特征。

图 6-1-1　清华大学校徽为主题的书签

2. 以校园标志性建筑为主题的文化创意产品

辛辛那提大学的"解构主义"风格建筑——设计与艺术中心的设计师是美国建筑师彼得·艾森曼，其因碎片式建筑语汇而同其他各式建筑师一起被打上了解构主义的标签。彼得·艾森曼解释道："这是来自基地的地形曲线与原有建筑折线造型的动态结合。"[①] 清华大学邮票设计（图 6-1-2）选择了学校的特色地标建筑——清华大学校门，通过点、线、面的有效设计，整合学校文化素材，凝练出一组能够囊括校园特色的图案，使得纪念印章的图案积淀了丰富的校园文化。

---

① 　熊青珍，敖景辉. 文化创意产品设计 [M]. 长沙：湖南师范大学出版社，2021.

图 6-1-2　以清华大学校门为主题的邮票

（二）校园文化创意产品的类型

1. 校园内容类纪念品

校园内容类纪念品不仅局限于校友纪念品，还包括文化礼品、办公用品和家居装饰品等。这类产品通常被用于校园内的交流学习、活动策划，或在校园宣传活动中被当作赠送给来访者的赠品。除了可以被用于学校和办公场合使用，校园内容类纪念品还具有另一优点，即可作为学校为探访学校的家长提供的礼品，能够有效满足他们想购买纪念品的意愿。例如，上海海事大学的纪念摆件（图 6-1-3）将学校的典型建筑雕刻在摆件表面，可以体现上海海事大学的主要景观。

图 6-1-3　上海海事大学的纪念摆件

2. 校园创意类工艺美术品

校园创意类工艺美术品以首饰、刺绣、陶瓷、木雕、砖雕、文房四宝、摆件等为主，多以学校校徽图案、校园风光、吉祥物为元素进行设计。例如，北京大学纪念手绳（图 6-1-4）将文化创意的理念得到最大化的应用，使消费者获得独特的体验，使校园文化创意产品成为一个不仅只是摆在桌面欣赏的物品，还是能够玩的玩具。

图6-1-4 北京大学纪念手绳

3. 校园延伸类创意产品

校园延伸类创意产品以便利贴、笔记本、书签、徽章、冰箱贴、随行杯、化妆镜、幻彩包、钥匙扣、餐垫、手机饰品、杯垫等展开，衍生周边系列小而实用的产品设计。例如，复旦大学五大书院设计的一系列校园文化创意产品；中国农业大学的明信片（图6-1-5）提取了校园的风景、老建筑，并将其印刷在明信片上等。

图6-1-5 中国农业大学的明信片

二、校园文化创意产品的特征

（一）校园文化创意产品的纪念性

校园文化创意产品蕴含着学校的历史，被赋予了学校的内涵，具有一般的产品所不具备的宣传性和纪念性。校园文化创意产品不仅代表着学校的历史底蕴和特色，还蕴涵着该校学子对学校的认同与美好祝愿，具有特殊且深刻的纪念意义。对于学校毕业生而言，校园文化创意产品寄托着他们对母校的热爱和怀念。此外，在兄弟院校的校际互访中，校园文化创意产品也可作为具有纪念意义的伴手礼赠予对方。例如，同济大学的门牌号钥匙链与常见的纪念品不同的是，它以学校地址——上海市四平路1239号作为一个情怀切入点，就像离家在外的游子始终会记得家里的门牌号一样，毕业后的校友只要看到熟悉的门牌号就能想起曾经的校园。

（二）校园文化创意产品的独特性

校园文化创意产品的主要特征是其具备独特的文化和审美价值，实用功能相对次要。这类产品能够体现校园独特的文化元素和象征意义，进而展现校园特色。例如，云南大学的校园文创抱枕（图6-1-6），其创作团队把设计的焦点集中在学生的日常生活需要和云南独特的本土文化之上，大胆地使用极具地域特色的纺织纹样，将文化特性转换为特色产品，提炼出具有代表性的文化符号，同时融入新颖的审美取向，与云南大学积极多元的校园文化相契合。

图6-1-6　云南大学文创抱枕

（三）校园文化创意产品的收藏性

文化创意产品不仅具备实用性和艺术性，还具有一定的收藏价值。这类产品用于收藏或兄弟院校互访时赠送使用，相对于实用性，应更侧重于对"精神意境"的塑造，凝聚学校丰厚的文化底蕴和人文精神，充分体现学校的艺术品位和精神追求。例如，郑州轻工业大学的茶具套装（图 6-1-7），既具有实用价值，又具有收藏价值。

图 6-1-7 郑州轻工业大学的茶具套装

（四）校园文化创意产品的实用性

文化创意产品的实用性在消费者的消费心理中处于重要的地位。因此，校园文化创意产品在追求收藏价值的同时应兼顾产品的实用性，以消费者的需求为导向，既要抓住学校的特色，进行巧妙设计；也要注意大众化需要，注重产品的普适性。虽然使用价值并非顾客购买文化创意产品所考虑的首要因素，但实用性与纪念性、收藏性兼备的产品更容易得到青睐。例如，复旦大学的纪念衫（图 6-1-8）就是融入了学校的文化符号与实用性进行整合，最终成为文化创意产品。因为复旦大学这个名字已经是一种能代表学校的文化符号的存在，再与其他具有纪念情怀的符号，如学校门牌号结合起来进行排版设计，就是一个单独存在的校园文化创意产品。

图 6-1-8 复旦大学纪念衫

文化创意产品的构成离不开文化、创意、体验、符号、审美这些元素。设计师在设计文化创意产品时应根据不同的需求，将文字、色彩、图形等直接信息与多因素结合，有意识地进行提炼和整理，进而对间接信息进行整体的把控，再增加设计服务功能，同时增强作品的文化内涵，融入更多的人文性与地域性，促进个性化视觉系统的构建。

第二节 校园文化创意产品设计的原则

对于校园文化创意产品而言，其设计的最终目标是通过设计获得永恒的、经典的，甚至代代相传的承载校园精神的文化创意产品。因此，校园文化创意产品的设计应注重产品的纪念性和实用性、创意性与市场需求、文化性与品牌认同的有机统一。

一、纪念性与实用性有机统一原则

从客观角度看，校园文化创意产品不应仅仅具备单纯的装饰功能，还应该成为我们日常生活中常见且经常使用的物品。购买校园文化创意产品的动机因人而异，但大多数购买者期望所购买的校园文化创意产品能够兼具实用功能和纪念意义。纪念意义是基于消费者的情感共鸣和对产品文化内涵的认同而产生的，只有当消费者与产品建立了深刻的情感联系，并对产品所传达的文化内涵产生了一定的认同感时，产品才会具备纪念意义。一个商品如果没有使用价值，就不能被称为商品。譬如各处古迹的书法真迹和碑文，如果将其编印成册放到市面上售卖，可想而知，并不会有很多消费者买单。但是如果换一种形式，不是将这些书法真迹和碑文作为主要的内容，而是作为某些文化创意用品文化内涵的载体，那么它的购买群体将会扩大。同样只有使用功能而不具有纪念性的产品也不能被称为有价值的文化创意产品。

人们日益提高的物质需求与精神需求已经不是单纯纪念性或只具有使用功能的产品所能满足的。因此在设计的过程中，需考虑将纪念性和实用性相结合，在使用传统手工艺的基础上，再加入实用元素，增加实用价值，才能吸引更多人购买。比如，复旦大学"真理的味道"纪念水杯，水杯这个载体和复旦大学的文化内涵整合起来，就成为复旦大学的校园文化创意产品。

二、创新性与市场需求有机统一原则

校园文化创意产品本身具备的经济属性和文化属性决定了创新的必要性，消费者除了求实、求廉、求美心理外，还有一个求新心理。对消费者来说，校园文化创意产品的样式、质量、情怀卖点都应具有新颖性，同时，在进行创新设计时，我们需要关注市场趋势。我们需要探索学生的需求，为其设计和开发校园文化创意产品，以满足广大学生的多样化需求。如果想让购物者满意，我们就需要更深入地了解市场状况和消费者心理，并开展必要的调研工作。

我们要以顾客需求为中心，推动文化创意产品的开发和设计；开展市场调研，重点关注校园文化创意产品的受众需求，通过市场反馈不断完善设计，确保校园文化创意产品能够更好地满足广大受众的实际需求。校园文化产品的主要特点和吸引人之处在于其文化和创意。在当下社会，文化创意产品在市场上变得越来越相似，这种趋势逐渐让消费者对它们的独特性感到失望。校园文化创意产品的设计不应该是简单地将现实中的"视觉元素"进行拼接，而是要以满足市场需求为导向，丰富其创新内涵，从深入挖掘文化底蕴、了解把握文化特色入手，进行创新的构建，解决校园文化特色元素与单一的设计的问题，突出趣味性。校园文化创意产品要赢得消费者的喜爱，就应根据消费者的趣味促进产品设计，并可以引领大众的趣味。消费者在购买商品时，往往会对充满新鲜感的物品产生兴趣，设计校园文化创意产品时应该抓住消费者的这种心理，有意识地进行创新性设计。

一般来说，主题、材料、功能、实现形式和工艺是校园文化创意产品的重要元素，校园文化创意产品的创新也是从这几个方面着手的。例如，主题元素创新是对提取的校园元素进行创新，不只简单利用校徽或校训，而且对学校的历史文化进行了挖掘，创造出反映某个学校独有的文化内涵的元素，在外观上结合当代审美，同样制作工艺也能在某个程度上折射出校园文化创意产品的文化。以嘉应学院贺暨南大学百年校庆的摆件为例，其摒弃了常见的木质或者玻璃制品，选择陶艺作为艺术表现形式，以"书"作为摆件的整体造型。书共100页，代表100年，呼应暨南大学百年校庆。古老而斑驳的篆书字"暨大百年校庆"突出了主题，意蕴着暨大的百年历史。在色彩上，古铜色的自然肌理效果与蓝白色的海浪形成冷暖对比。书置于海浪之上，既与暨南大学的"面向海外，面向港澳台"的办学方针相符，又意蕴着暨大的未来在永不枯竭的海洋上乘风破浪、勇往直前。作品寓意深刻，体现校园文化精神，意义深刻。

三、文化性与品牌认同有机统一原则

相比其他文化创意产品，校园文化创意产品更具独特之处，因为它蕴含着只存在于某一学校的、独特的物质文化与精神文化。因此，校园文化创意产品拥有不同寻常的文化特征，能够体现校园的独特性。在进行设计和开发时，设计师必须遵循品牌认可原则，以确保所创造的文化创意产品在保留校园特色的同时，能够保持高度可识别性，进而引起观众在情感上的认同感和归属感，促进师生之间形成一种类似于家族认同的情感。此外，依照这种思路所创造出来的校园文化创意产品，可以以其品牌形象吸引社会各界群体，使他们对该品牌产生认同感。在元素的提取上，设计师需要找出最具当地特色的人文、物产、自然、政治等特征内容。将元素提取，通过艺术加工，使之成为具备当地独特文化的代表。

第三节　校园文化创意产品的设计表达

一、校园文化创意产品形态的塑造

产品形态是指将根据顾客需求设计和制造的产品展现给顾客时所呈现出的状态，具体包括产品所传达的意识、视觉、应用等方面的形态。在创造校园文化创意产品时，我们应该优先考虑其实用性。也就是说，我们必须深入分析该产品的适用环境以及其在经济上的实际应用情况，我们还需要考虑产品的实用性和美感，并且确保二者相辅相成，形成一个和谐的艺术整体。设计师可凭借创意视觉化的手段，采取手工绘制的初步图、轮廓图、结构模拟以及实体展示等方式，将设计理念具象化，以实现对设计的再现。

打造特色纪念品，可以从纪念品的材质、形态上进行改变，从产品的使用方

式、独特的外形、色彩、功能性出发，开拓趣味的深度和广度。在创造新的校园文化创意产品时，我们有多种材料可以选择，如金属、陶瓷、木材、丝绸、纸张等。通过各种艺术手段，如绘画、雕塑、印刷、书法等，我们可以进行校园文化创意产品设计。至于校园文化创意产品的产品形态，明信片、邮票、手提包、纪念册、装饰品、文具等多种形式都可供我们进行选择。图案设计可加入校园美景、典型建筑、校徽、符号等，增加产品内涵。

二、校园文化创意产品认同感的营造及系列产品的衍生设计

创造和形成统一鲜明的校园形象，有助于校园文化自身的可持续发展。学生需要花费相当长的时间形成对校园文化的认同，它并非学生天生具备的。只有将所经历的校园生活与学校的各种行为和活动有机融合，全面评价校园的整体形象，广大学生才能从情感角度对校园进行认同。例如，清华大学的帆布包的设计（图 6-3-1）提取了清华大学特有的元素，以最直接和简洁的形式来装饰整个布面，既时尚，又有趣。

图 6-3-1　清华大学的帆布包设计

在校园文化创意产品设计中，将某个主题或创意源泉发展成一个系列的产品是一种十分常见的设计手段。当设计师考虑表现校园文化元素时，他们应该勇于运用创造力，避免单调地模仿表征，并以此为基础展开更多元化的衍生设计。例如，以大学校徽为灵感，一些设计师创作了一款将校徽融入手机壳背面图案的校园文化创意产品。他们将同一种形象或图案充分运用于不同功能的产品，开发出很多款不同的产品。

三、校园文化创意产品的开发举措

校园文化创意产品通常由内容和硬件载体两部分构成。文化创意产品最重要的特点就是其具备独特的文化创意内涵。然而，这种文化创意内涵通常无法单独存在，需要依托具体的硬件载体。从本质上看，校园文化创意产品可以重新挖掘、利用和创造文化资源，能够满足人们的精神需求。校园文化创意产品的开发要运用好的创意和表现，突出体现学校文化建设纪念品的独一无二。其开发大致可经过以下几个环节。

（一）做好市场化调研，把握消费人群

市场调研阶段对一个文化创意的形成至关重要。在进行校园文化创意产品设计之前，要做好充分的市场调研，对不同学院的学生进行喜好归纳，根据校园文化，细分消费人群。对消费群体的取向、市场趋势有一定的了解后，结合调研得到的信息对校园文化创意产品的设计方向进行精准定位。在研发文化创意产品时，我们需要充分考虑消费者的需求和偏好，并将文化特色作为独特的创新亮点。我们要以文化为中心，制定能够被轻松推广、受师生欢迎、性价比高的文化创意产品。为了促进校园文化的传承，我们必须聚焦于市场需求和实际应用，同时要仔细考量特定群体的需求。在开发校园文化创意产品时，我们需充分考虑与学生相关的各种物品，包括但不限于笔、便笺纸、笔记本、笔筒、胶带，以及书包、文化衫、运动衫、校服、手提箱、装饰品、相框等生活用品。要抓住不同文化元素的设计出发点，从产品本身出发。比如，一些大学文化衫将学校典型建筑绘制成插画，具有纪念性的同时也做到了实用。

（二）提取校园特色元素

提取校园特色元素是校园文化创意产品设计应考虑的首要因素，应避免对学校的主题认识做出单一、片面的理解和判断。首先，在广泛调研市场并确定产品设计素材和媒介的基础上，我们可以搜集诉求并提炼素材，让公众详细了解学校的历史演变、办学特色和重点学科优势，并确保所获得的信息准确无误且全面完整。其次，应利用系统的思维方式，重点把握学校特色元素的精髓而进行设计。在明确文化符号研究对象后，进行文化符号样本收集，从文化符号的内层文化属

性、中间层使用功能属性和外层视觉属性入手查阅资料，将收集的文化符号图片资料去除背景，提取文化符号的相关样本。同时，收集并感知词汇，这些词汇主要来源于对文化符号类别特征的描述，对收集到的词汇进行分类，去除意义相近的词汇，并构建反义词汇组。最后，利用语义差异法进行量化分析，由受众对提取出的样本的文化符号属性进行感知评价。

　　元素的提取需要找出最具当地特色的人文、物产、自然、政治等内容，通过艺术加工，使之成为具备独特文化内涵的代表符号，并进行准确的市场定位，反映学校独有的精神文化和物质文化，深挖内涵，借学校的人文景观、学校标志性建筑（图6-3-2）、学校标识、办学理念、学校地理位置等，对校园的标志元素进行提取和内涵挖掘，然后将其应用到后期的设计中，以强化其校园文化特色。我们也可以将不同的校园元素作为设计灵感，为校园文化创意产品创造具有整合性和系列感的视觉元素，以达到让产品形象更加完整丰富的目的。这些元素涵盖学校卡通形象、校史文化元素、象征性建筑、景观等。此外，我们可以利用手绘技巧制作校园地图、明信片和贴纸等文化创意产品。在设计过程中，需要抽象出元素符号，并将其作为构建整个创意产品主题的素材，通过学校校徽、标准字体、校训、校园环境标志（图6-3-3）、校园地方特色特点（如民族特色差异、地域人文差异特征）等可识别度和认同度较高的元素来呈现校园形象。

图6-3-2　北京大学标志性校门

图6-3-3　北京大学的未名湖

（三）对校园文化创意产品的设计理念进行细化

利用校园文化创意产品内部的传播优势，其可以在学校各个院系广泛流传，进而让不同院系、不同专业都具备独特的视觉形象。在构思方面，校园文化创意产品应打破传统文化创意产品形式的桎梏、延展新的空间、深入挖掘地域元素，将其与设计结合，有效避免文创设计同质化的现象出现。如图 6-3-4 所示为北京科技大学手绘地图，其通过拍摄校园美景的方式，手绘制作出翔实的校园地图，同时创建出 H5 虚拟校园页面，让那些对本校不熟悉的人们也可以获得更好的校园文化体验。如果校园文化创意产品的受众定位在学生、校友或者家长，那么他们购买校园文化创意产品时，产品的性价比是一个重要的考量因素。校园文化创意产品若定位在较为特殊的场合，产品的形态设计则必须依附于某种意义或者能效的发挥，以符合人们实际操作等的要求，如重要的纪念活动，或为兄弟院校间互访提供纪念品。此层面的校园文化创意产品的设计首先考虑借用约定俗成的具象形态作为校园文化的载体。抓住人们对图形反应最快的心理，借丰富多样的形状帮助人们正确地理解产品传达出的信息，通过视觉的形象来完成产品的主要表达方式；也可借凸显校园形象的校徽、校训、中英文校名等元素，对其加工提炼，形成校园文化创意产品。

图 6-3-4　北京科技大学手绘地图

（四）明确校园文化创意产品的设计表达

在设计校园文化产品时，我们需要综合考虑多个因素。其中包括将校园形象化繁为简、通过符号化和主题化方式来表现校园的特质、通过产品来传达校园的价值观念。在此基础上，我们可以创造出一种由内而外的层次性关系，并通过内在的方式展现校园文化，将校园文化的内核传递给人们，也可通过视觉特征、使用功能特征和精神内涵特征三个方面进行分析。视觉特征占特征分析的比重最大，通过视觉人们能第一时间捕捉到事物的外观特点，即人们往往通过视觉外貌特征来区分不同物体，进行视觉特征的比较是我们得到某一事物形态特征的重要手段。针对特征分析，不同的设计会有不同的重点。功能特征分析与内涵特征分析源于视觉特征分析，其要求人们通过比例尺度来衡量样品特征，并基于文化符号的使用和内涵表达方式的多样性，量化地分析风格特征语汇。由于文化符号的使用功能特征和精神内涵特征量化较难，在实际案例的研究中主要以视觉特征分析为主。

下面以北京大学的校园文化创意产品为案例，解析校园文化创意产品的设计表达方式。

首先，我们要致力于分析北京大学本部校区的设计特点和内在文化内涵，以便更好地对北京大学本部校区的校园文化元素进行挖掘和整理。我们可以通过凸显建筑物的特点或文化内涵的方式，将无形的校园文化元素有形化。北京大学的特色建筑有实验楼、教学楼、综合楼、图书馆等，通过提取北京大学建筑元素及景观形象，这些最独特、最广为人知的标志，经过抽象化和符号化处理后，被用于制作包装、书签、明信片等产品，能够展现色彩变化的丰富品质、取得强烈的反差效果，进而能够呈现出独特的艺术吸引力。比如，北京大学的帆布袋和文化衫设计就放大了学校内最典型的几栋建筑，将其图形化。将北京大学的图书馆作为元素而设计的书签融入了学校自身的文化元素，挑选了北京大学图书馆的外部轮廓作为切入点，并且书签可用于不同大小的书籍，还可调整标记位置。

"在图书馆里，语言静寂无声，水流凝滞止息，人类灵魂的不朽光芒，为文字黑黝黝的链条所捆缚，幽禁于书页的囚室……"[①] 泰戈尔的散文诗里所写的图书馆是一个适合语言静静流淌的地方。以北京大学图书馆为主题设计的明信片为例，色彩交错间，好比伫立在千百条道路的交叉点上，指引着前方的道路。

---

① 张伯华 . 徜徉墨海书香 [M]. 乌鲁木齐：新疆青少年出版社，2008.

对于特别事件或需要突出的设计部分可采取校园产品的叙事性设计或价值表达形象化设计来呈现。叙事性设计主要通过必要的主题设计寻找情感切入点、发掘校园文化，将其融入校园文化创意产品的设计中。例如，以独特字样"北京大学"为花纹的灯罩，灯的亮光透过北京大学字样，折射在地面，寓意了北京大学学子光明的前景。灯具这一载体，像北京大学的形象一样，点燃自己，照亮学生的前途。价值表达形象化设计主要以不同的人生观、价值观等内容为载体，用形象化手法，从事物的某些特征出发，具体又形象地对其外在特征进行加工，并融入人格化的元素，使得观赏者的感知体验更加丰富，从而更进一步地将特殊又丰富的事理呈现给受众。根据不同的需求，设计师将文字、色彩、图形、处理说明等直接信息与多因素结合，有意识地进行提炼和整理，进而对间接信息进行整体的把控，其在增加设计服务功能的同时，又丰富了作品的文化内涵，融入了更多的人文性与地域性，突出个性化视觉系统构建的亮点。

其次，以北京大学的校名、校徽、校训为主题形象，将校园文化符号与时代性、实用性、创新性进行整合，在兼顾校园文化特色与美观的同时，突出纪念性和实用性，通过批量生产以降低生产成本。例如，北京大学创意折叠扇既方便携带，也能彰显北京大学的特色，实现实用性的同时也做到了纪念性。

随着经济的发展，大众化的文化创意产品已经不能再满足消费者，因此，校园文化创意产品的设计应该追求个性化。例如，北京大学的纪念水杯运用了中国风传统元素，将校门主体建筑融入窗格中，直观地体现了北京大学的形象。纪念水杯灵感来自中国传统装饰纹样，将装饰纹样与校园融合在一起，体现北京大学之美。在使用水杯的时候将盖子打开，这个动作与开窗开门相似，寓意是打开北京大学这扇知识之窗，从而在里面获取更多的知识。

第四节　校园文化创意产品设计的经验启示

文化创意产业的发展需要大量的创意人才把更多的创意灵感转化为社会财富。推动文化创意产业发展的核心动力是创新能力的培养。

植根于学校独有的文化资源的校园文化创意产品体现了学校代表性文化元素符号，代表着学校的整体形象与气质，蕴含着浓厚的校园文化内涵。它不仅具有强大的凝聚力和育人功能，还为学校可持续发展提供内在动力。校园文化创意产品的开发有助于推广和促进校园文化建设，能更好地宣传学校形象，增强其影响力，形成自身的品牌效应。如今校园文化创意产品种类繁多，文化创意产品产业呈现良好的发展态势。对校园文化资源进行个性化设计，设计出形式丰富且具有一定主题的实用校园文化创意产品，不仅可以满足师生的需求，还可以彰显校园独特的视觉文化，在潜移默化中形成群体认同效应。哈佛大学和麻省理工学院这两所著名的学府，在社会和商业领域所具有的独特而广泛的影响力和潜在价值是毋庸置疑的。在美国的商场里，我们可以看到许多本土文化创意产品，这些产品来自不同的高校，这种销售方式打破了以前校园文化创意产品只在校园内销售以及销售对象有限的限制，这也是欧美大学校园文化创意产品所具备的销售特色。如图 6-4-1 所示，哈佛大学和麻省理工学院联合开设了合作商店 The Coop，该商店以哈佛合作社的名义经营，专注于出售书籍、文具以及相关商品。在扩大经营规模后，该商店开始专注于制造和销售更多的大学文化创意商品，如徽章、T 恤、笔盒、冰箱贴等，其中包括哈佛大学和麻省理工学院的产品。

图 6-4-1　The Coop 商店

如今，The Coop 商店已经不再仅仅是一个在校园内销售文化创意产品的店铺，它已经成为能够代表哈佛大学校园文化和麻省理工学院校园文化的品牌商铺。The Coop 商店能满足不同学生的审美及精神需求，将校园文化渗透到学生日常生活中的每一处，使学生在潜移默化中受到来自校园的文化熏陶。如图 6-4-2 所示，The Coop 商店在文化创意产品的设计中融入了哈佛和麻省理工校园内每个学院、学生组织和运动协会的标志。例如，哈佛大学较为巧妙地将校徽、各二级学院的标志以及院徽等校园文化符号融入校园文化创意产品的设计之中，以此为基础，哈佛大学还进行了多样化的变形、衍生等不同方式的创新尝试。此外，The Coop商店在产品选材方面独具匠心，合理利用原材料自身特性，美观实用，实现功能效用与视觉美学的统一。

图 6-4-2　哈佛大学校徽纪念章

校园文化创意产品体现着学校的文化底蕴，是传播校园文化和提高学校社会影响力的重要途径。挖掘校园人文历史、发现校园师生的不同需求、广泛收集师生的创意灵感、加强学科间的交叉课程学习、增加动漫周边产品开发与设计的训练，这些做到"传神"和"达意"了，校园文化创意产品的艺术价值自然也就高了。

参考文献

[1] 刘飞龙.现代文化创意产品设计与开发研究[M].长春：吉林人民出版社，2022.

[2] 徐鸣.文化创意产品设计方法探析[M].昆明：云南美术出版社，2022.

[3] 吴艨.文化创意产品设计与创意产业发展研究[M].北京：北京工业大学出版社，2021.

[4] 陈凌云.博物馆文化创意产品开发研究[M].上海：上海社会科学院出版社，2019.

[5] 黄佳.湖湘文化与创意产品设计研究[M].长春：吉林出版集团股份有限公司，2021.

[6] 朱旭.创意产品设计与文化消费[M].北京：新华出版社，2020.

[7] 李程.文化创意产品设计[M].北京：人民邮电出版社，2023.

[8] 孙丽君，李军红，李海燕.文化创意产品开发[M].北京：北京师范大学出版社，2019.

[9] 张颖娉.文化创意产品设计及案例[M].北京：化学工业出版社，2020.

[10] 戴晶晶.文化创意产品设计方法研究[M].北京：中国轻工业出版社，2020.

[11] 郑童，阎宇昊，冯薪硕.新媒体时代下交互设计在文创产品中的应用[J].轻纺工业与技术，2023，52（2）：115-117.

[12] 金磊磊.新媒体环境下的文化创意产品设计研究[J].文化产业，2023（6）：138-140.

[13] 赵若萱.高校文化创意产品设计研究[J].工业设计，2022（5）：65-67.

[14] 曹茜.国内高校文化差异化创意产品设计研究[J].艺术与设计（理论），2022，2（4）：96-98.

[15] 赵璐.新媒体背景下文化创意产品创新及实践方向[J].中国报业，2021（24）：50-51.

[16] 朱科宇，彭静.互联网＋背景下博物馆文化创意产品研发路径[J].今古文创，2021（20）：102-103.

[17] 崔嵩泽，姜丽霞.校园文创产品设计的现状与创新性分析 [J].商展经济，2021（8）：74-76.

[18] 刘彦，刘俊哲，王倩.信息交互设计提升文化创意产品的市场竞争力实践研究 [J].艺术科技，2016，29（10）：3-4.

[19] 陈晓莞.体验经济时代下的校园文化产品研究与设计 [J].包装世界，2014（4）：14-17.

[20] 蔡晓璐.论体验经济时代中审美体验与文化产品的关系 [J].福建论坛（人文社会科学版），2014（4）：58-62.

[21] 徐冉.敦煌博物馆文化创意产品营销策略研究 [D].兰州：兰州财经大学，2021.

[22] 刘蓓蓓.符号学视域下故宫文创产品跨文化传播力的构建 [D].保定：河北大学，2021.

[23] 张爽.高校文化创意产品的情感化设计研究：以湖南大学 80 周年校庆文创为例 [D].长沙：湖南师范大学，2019.

[24] 柴小珊.新媒体时代文化创意产品传播策略研究：以故宫博物院文创产品为例 [D].西安：陕西师范大学，2019.

[25] 赵彤彤.北京故宫文创产品的开发与运营策略研究 [D].烟台：烟台大学，2019.

[26] 刘文霞.新媒体环境下博物馆文化创意产品研究 [D].太原：山西大学，2018.

[27] 胡晏婷.新媒体背景下文化创意产品开发的新途径 [D].南京：南京艺术学院，2018.

[28] 杨慧子.非物质文化遗产与文化创意产品设计 [D].北京：中国艺术研究院，2017.

[29] 张尧.基于博物馆资源的文化创意产品开发设计研究 [D].苏州：苏州大学，2015.

[30] 佟冠一.体验经济背景下的创意文化产品设计研究 [D].秦皇岛：燕山大学，2013.